ortodoxia

ortodoxia
G.K. Chesterton

Tradução de Luiz Antonio Werneck Maia

Título original
ORTHODOXY
by Gilbert K. Chesterton

Copyright da tradução desta edição © 2025 *by* Editora Rocco Ltda.

Direitos desta edição reservados à
EDITORA ROCCO LTDA.
Rua Evaristo da Veiga, 65 – 11º andar
Passeio Corporate – Torre 1
20031-040 – Rio de Janeiro – RJ
Tel.: (21) 3525-2000 – Fax: (21) 3525-2001
rocco@rocco.com.br
www.rocco.com.br

Printed in Brazil/Impresso no Brasil

Preparação de originais
DANIEL MOREIRA SAFADI

CIP-BRASIL. CATALOGAÇÃO NA PUBLICAÇÃO
SINDICATO NACIONAL DOS EDITORES DE LIVROS, RJ

C45o

Chesterton, G. K. (Gilbert Keith), 1874-1936
    Ortodoxia / G. K. Chesterton ; tradução Luiz Antonio Werneck Maia. - 1. ed. - Rio de Janeiro : Rocco, 2025.

    Tradução de: Orthodoxy by Gilbert K. Chesterton
    ISBN 978-65-5532-530-0
    ISBN 978-65-5595-338-1 (recurso eletrônico)

    1. Chesterton, G. K. (Gilbert Keith), 1874-1936; 2. Apologética. 3. Cristianismo - Essência, natureza, etc. I. Maia, Luiz Antonio Werneck. II. Título.

25-96222
    CDD: 239
    CDU: 27-285.2

Meri Gleice Rodrigues de Souza - Bibliotecária - CRB-7/6439

SUMÁRIO

Prefácio 7

1. Introdução em defesa de tudo o mais 9

2. O maníaco 17

3. O suicídio do pensamento 41

4. A ética da terra das fadas 65

5. A bandeira do mundo 95

6. Os paradoxos do cristianismo 119

7. A eterna revolução 151

8. O romance da ortodoxia 185

9. A autoridade e o aventureiro 209

PREFÁCIO

Este livro foi pensado para ser um companheiro de *Hereges* e para apresentar tanto o seu lado positivo como o negativo. Muitos críticos reclamaram do livro *Hereges* porque apenas criticava as filosofias contemporâneas sem oferecer qualquer filosofia alternativa. Este livro é uma tentativa de responder a esse desafio. Ele é inevitavelmente afirmativo e, portanto, inevitavelmente autobiográfico. O autor foi levado a enfrentar uma dificuldade semelhante à que afligiu Newman ao escrever sua *Apologia*; ele foi forçado a ser egotista apenas para ser sincero. Embora todo o resto possa ser diferente, o motivo em ambos os casos é o mesmo. Não é propósito do autor tentar explicar se é possível acreditar na Fé Cristã, mas sim como ele mesmo chegou a acreditar nela. O livro, portanto, está organizado segundo o princípio propositivo de um enigma e sua respectiva resposta. Primeiro, lida com todas as solitárias e sinceras especulações do autor e, em seguida, com o modo surpreendente com que todas elas foram repentinamente resolvidas pela Teologia Cristã. O autor considera que isso equivale a um credo convincente. Mas, se não for isso, pelo menos é uma coincidência frequente e surpreendente.

Gilbert K. Chesterton

CAPÍTULO 1
Introdução em defesa de tudo o mais

A única justificativa possível para este livro é que ele é uma resposta a um desafio. Até mesmo um tiro ruim é digno quando alguém aceita um duelo. Quando publiquei uma série de artigos apressados, mas sinceros, sob o título de *Hereges*, muitos críticos, por cuja inteligência tenho grande respeito (posso mencionar, em especial, o sr. G.S. Street), declararam que era fácil para mim dizer a todos para defenderem sua teoria cósmica, mas que eu cuidadosamente evitava apoiar meus preceitos com exemplos. "Vou começar a me preocupar com minha filosofia", disse o sr. Street, "quando Chesterton nos fornecer a dele". Talvez tenha sido uma sugestão imprudente a ser feita a uma pessoa muito inclinada a escrever livros ao menor sinal de provocação. Mas, no fim das contas, embora o sr. Street tenha inspirado e criado este livro, ele não precisa lê-lo. Se o fizer, verá que tentei, nestas páginas, de maneira vaga e pessoal, por meio de uma sequência de imagens mentais em vez de uma série de deduções, expor a filosofia na qual cheguei a acreditar. Eu não a chamarei de minha filosofia, pois não fui eu que a criei. Deus e a humanidade a criaram e ela me criou.

Costumo fantasiar em escrever uma história sobre um velejador inglês que calcula seu curso ligeiramente errado e descobre a Inglaterra pensando ser uma nova ilha nos mares do sul. Sempre concluo, no entanto, que estou ocupado ou negligente demais para escrever essa obra, então vou oferecê-la aqui para fins de ilustração filosófica. Haverá, provavelmente, uma impressão geral de que o homem que desembarcou (armado até os dentes e falando por gestos) para fincar a bandeira britânica naquele templo bárbaro, que na verdade era o Pavilhão em Brighton, sentiu-se um tanto idiota. Não estou aqui preocupado em negar que ele parecia um idiota. Mas se você imagina que ele se sentiu um idiota, ou que o senso de tolice foi sua única ou principal emoção, então não analisou com a devida sutileza a rica natureza romântica do herói desta história. O erro dele foi, na verdade, um erro invejável; e ele sabia disso, se era o homem que imagino ser. O que poderia ser mais encantador do que experimentar, nos mesmos poucos minutos, todos os fascinantes terrores de se encontrar no exterior combinados com toda a segurança e conforto de voltar para casa? O que poderia ser melhor do que ter toda a diversão de descobrir a África do Sul sem a desagradável necessidade de desembarcar lá? O que poderia ser mais glorioso do que se preparar para descobrir a Nova Gales do Sul e então perceber, com uma enxurrada de lágrimas felizes, que se tratava, na verdade, da velha Gales do Sul? Este, ao menos, parece-me o principal problema para os filósofos, e é, de certo modo, o principal problema deste livro.

Introdução em defesa de tudo o mais

Como podemos nos maravilhar com o mundo e, ao mesmo tempo, nos sentir em casa nele? Como pode esta excêntrica cidade cósmica com seus cidadãos multípedes, com suas antigas e monstruosas fontes de luz, nos dar, ao mesmo tempo, a fascinação de uma cidade estranha e o conforto e a honra de ser nossa própria cidade?

Mostrar que uma fé ou uma filosofia é verdadeira sob todos os pontos de vista seria um empreendimento trabalhoso demais até mesmo para um livro muito maior do que este. É necessário seguir um caminho específico de argumentação, e este é o caminho que proponho seguir aqui. Desejo apresentar minha fé como uma resposta particular a essa necessidade espiritual dupla, a necessidade dessa mistura de conhecido e desconhecido que a Cristandade corretamente chamou de romance. Pois a própria palavra "romance" carrega em si o mistério e o significado antigo de Roma. Qualquer pessoa que se proponha a discutir qualquer assunto deve sempre começar dizendo o que não contesta. Além de estabelecer o que pretende provar, deve sempre estabelecer o que não pretende provar. A coisa que não pretendo provar, que proponho tomar como terreno comum entre mim e qualquer leitor médio, é essa desejabilidade de uma vida ativa e imaginativa, pitoresca e cheia de curiosidade poética, uma vida que o homem ocidental, de qualquer modo, sempre pareceu desejar. Se um homem disser que a extinção é melhor que a existência, ou que a existência vazia é melhor que a variedade e a aventura, então ele não é uma das pessoas comuns para as quais estou escrevendo. Se um homem prefere o nada, nada posso lhe oferecer. Mas quase todas as pessoas que conheci nesta sociedade ocidental em que vivo concordariam com a proposição geral de que precisamos dessa vida de romance prático; a combinação de algo que é estranho com algo que é seguro. Precisamos ver o mundo de modo a combinar uma ideia de maravilhamento e uma ideia de acolhimento. Precisamos ser felizes nesta terra das maravilhas sem jamais nos sentirmos confortáveis apenas. É ESSA realização do meu credo que buscarei acima de tudo nestas páginas.

Mas tenho uma razão específica para mencionar o velejador que descobriu a Inglaterra. Pois eu sou esse homem. Descobri a Inglaterra. Não vejo como este livro pode deixar de ser egotista; e não vejo (para dizer a verdade) como ele pode deixar de ser enfadonho. A monotonia, no entanto, vai me livrar da acusação que mais deploro: a acusação de ser leviano. A mera sofística leve é a coisa que porventura mais desprezo, e é talvez um fato benéfico que seja disso que geralmente me acusam. Não conheço nada tão desprezível quanto um mero paradoxo, uma mera defesa engenhosa do indefensável. Se fosse verdade (como foi dito) que o sr. Bernard Shaw vive de paradoxos, então ele deveria ser apenas um milionário comum, pois um homem com seu intelecto poderia inventar um sofisma a cada seis minutos. Isso é tão fácil quanto mentir — porque é mentir. A verdade é que o sr. Shaw é cruelmente prejudicado pelo fato de que não pode contar nenhuma mentira a menos que acredite ser verdade. Eu me encontro sob o mesmo jugo intolerável. Nunca em minha vida disse algo apenas porque achava engraçado, embora, é claro, eu possa ter experimentado a típica vaidade humana e ter achado algo engraçado porque eu o havia dito. Uma coisa é descrever uma entrevista com uma górgona ou um grifo, uma criatura que não existe. Outra é

Introdução em defesa de tudo o mais

descobrir que o rinoceronte existe e, então, sentir prazer no fato de que ele parece não existir. Busca-se a verdade, mas pode ser que se persiga instintivamente as verdades mais extraordinárias. E ofereço este livro com os sentimentos mais calorosos a todas as pessoas alegres que odeiam o que escrevo e que o consideram (muito justamente, pelo que sei) uma tentativa de humor malfeita ou uma piada enfadonha.

Pois, se este livro é uma piada, é uma piada contra mim. Eu sou o homem que, com a maior ousadia, descobriu o que já havia sido descoberto antes. Se há um elemento de farsa no que se segue, a farsa é à minha própria custa, pois este livro explica como eu imaginei ser o primeiro a pisar em Brighton e então descobri que fui o último. Ele relata minhas aventuras desastradas na busca do óbvio. Ninguém pode achar meu caso mais ridículo do que eu mesmo; nenhum leitor pode me acusar aqui de tentar fazê-lo de bobo: eu sou o bobo desta história, e nenhum rebelde me derrubará do meu trono. Confesso livremente todas as ambições idiotas do fim do século xix. Eu tentei, como todos os outros garotos sérios, estar à frente do meu tempo. Como eles, tentei estar uns dez minutos à frente da verdade. E descobri que estava mil e oitocentos anos atrasado em relação a ela. Esforcei minha voz com um exagero dolorosamente juvenil ao proferir minhas verdades. E fui punido da maneira mais adequada e engraçada, pois mantive minhas verdades: mas descobri não que elas não eram verdades, mas apenas que não eram minhas. Quando imaginei que estava sozinho, estava, na verdade, na posição ridícula de ser apoiado por toda a Cristandade. Pode ser, Deus me perdoe, que eu tenha tentado ser original, mas só consegui inventar sozinho uma cópia inferior das tradições existentes da religião civilizada.

O velejador pensou ser o primeiro a encontrar a Inglaterra; eu pensei ser o primeiro a encontrar a Europa. Eu tentei com afinco fundar uma heresia própria; e, quando dei os toques finais a ela, descobri que era a ortodoxia. Pode ser que alguém se divirta com o relato desse fiasco feliz. Pode ser divertido, para um amigo ou inimigo, ler como aprendi gradualmente, a partir da verdade de uma lenda perdida ou da falsidade de uma filosofia dominante, coisas que poderia ter aprendido no catecismo — se algum dia o tivesse aprendido. Pode ou não haver algum entretenimento em ler como encontrei, enfim, em um clube anarquista ou um templo babilônico o que poderia ter encontrado na igreja paroquial mais próxima. Se alguém se diverte em saber como as flores do campo, ou as frases em um ônibus, os acidentes da política ou as dores da juventude se reuniram de certa forma para produzir certa convicção de ortodoxia cristã, essa pessoa talvez leia este livro. Mas há, em tudo, uma divisão razoável do trabalho. Escrevi o livro, e nada na Terra me induziria a lê-lo.

Acrescento uma nota puramente pedante que vem, tão natural como uma nota deveria, no começo do livro. Estes ensaios se preocupam apenas em discutir o fato de que a teologia cristã central (resumida, a contento, no Credo dos Apóstolos) é a melhor fonte de energia e ética sólida. Eles não têm a intenção de discutir a questão muito fascinante, mas completamente diferente, de qual é a sede atual da autoridade para a proclamação desse credo. Quando a palavra "ortodoxia" é usada aqui, significa o Credo dos Apóstolos, conforme entendido por todos os que se autodenominavam cristãos até bem pouco tempo atrás e conforme a conduta histórica geral daqueles que sustentavam tal credo. Fui forçado,

Introdução em defesa de tudo o mais

pela mera questão de espaço, a me limitar ao que obtive desse credo; não toco na questão, muito disputada entre os cristãos modernos, de onde nós mesmos o obtivemos. Este não é um tratado eclesiástico, mas uma espécie de autobiografia desleixada. Mas, se alguém quiser minha opinião sobre a natureza real da autoridade, o sr. G.S. Street só precisa me desafiar novamente, e eu lhe escreverei outro livro.

CAPÍTULO 2

O MANÍACO

As pessoas completamente mundanas nunca compreendem o mundo; elas se baseiam por completo em algumas máximas cínicas que não são verdadeiras. Lembro-me, em certa ocasião, de estar caminhando com um editor bem-sucedido, que fez uma observação que eu já ouvira muitas vezes antes; é, de fato, quase um lema do mundo moderno. No entanto, eu já a ouvira vezes demais e de repente percebi que não havia nada nela. O editor disse de alguém: "Esse homem vai progredir; ele acredita em si mesmo." E eu lembro que, ao erguer a cabeça para ouvir, meu olhar notou um ônibus onde estava escrito "Hanwell".[1] Eu falei para ele: "Devo lhe dizer onde estão

---

1 "Hanwell" é uma referência ao Hanwell Asylum (também conhecido como Hanwell Lunatic Asylum), um hospital psiquiátrico em Londres inaugurado no século XIX. Representava, simbolicamente, a falta de equilíbrio ou flexibilidade mental que Chesterton atribui a certas formas de pensamento racionalista e materialista que ele critica ao longo do livro.

os homens que mais acreditam em si mesmos? Pois posso lhe dizer. Conheço homens que acreditam em si mesmos de maneira mais colossal do que Napoleão ou César. Sei onde arde a estrela fixa de certeza e sucesso. Posso guiá-lo aos tronos dos Super-Homens. Os homens que realmente acreditam em si mesmos estão todos em hospícios." Ele disse calmamente que havia, porém, muitos homens que acreditavam em si mesmos e que não estavam em hospícios. "Sim, há", retruquei, "e o senhor, mais do que ninguém, deveria conhecê-los. Aquele poeta bêbado de quem o senhor não aceitaria uma tragédia sombria, ele acreditava em si mesmo. Aquele ministro idoso com uma epopeia, de quem o senhor estava se escondendo em um quarto dos fundos, ele acreditava em si mesmo. Se o senhor levasse em consideração sua experiência de negócios em vez de sua perigosa filosofia individualista, saberia que acreditar em si mesmo é um dos sinais mais comuns dos canalhas. Atores que não sabem atuar acreditam em si mesmos; e devedores que não pagam também. Seria muito mais verdadeiro dizer que um homem certamente fracassará porque acredita em si mesmo. A autoconfiança absoluta não é apenas um pecado; a autoconfiança absoluta é uma fraqueza. Acreditar absolutamente em si mesmo é uma crença histérica e supersticiosa, como acreditar em Joanna Southcott: o homem que a possui tem 'Hanwell' escrito no rosto de forma tão nítida quanto está escrito naquele ônibus". E a tudo isso meu amigo editor deu esta resposta, muito profunda e eficaz: "Bem, se um homem não deve acreditar em si mesmo, no que deve acreditar?" Após uma longa pausa, respondi: "Vou para casa escrever um livro em resposta a essa pergunta." Este é o livro que escrevi em resposta a ela.

O maníaco

Mas acho que este livro pode bem começar onde nossa discussão começou — nas proximidades do manicômio. Os modernos mestres da ciência estão muito impressionados com a necessidade de iniciar toda investigação com um fato. Os antigos mestres da religião estavam igualmente impressionados com essa necessidade. Eles começavam pelo fato do pecado — um fato tão empírico quanto batatas. Quer o homem pudesse ser banhado em águas milagrosas, quer não, não havia dúvida de que ele desejava ser banhado. Mas certos líderes religiosos em Londres, que não eram meros materialistas, começaram, em nosso tempo, não a negar a água altamente discutível, mas a negar a sujeira indiscutível. Certos teólogos novos contestam o pecado original, a única parte da teologia cristã que pode realmente ser comprovada. Alguns seguidores do reverendo R.J. Campbell, em sua espiritualidade quase excessivamente fastidiosa, admitem a ausência de pecado divino, que eles não conseguem ver nem mesmo em seus sonhos. Mas negam, em essência, o pecado humano, que veem na rua. Os santos e céticos mais resolutos tomaram o mal evidente como ponto de partida de seu argumento. Se for verdade (como certamente é) que um homem pode sentir um prazer extraordinário ao esfolar um gato, então o filósofo religioso só pode deduzir uma de duas opções. Ele deve negar a existência de Deus, como todos os ateus fazem; ou deve negar o vínculo existente entre Deus e o homem, como todos os cristãos fazem. Os novos teólogos parecem achar que é uma solução altamente racionalista negar o gato.

Nessa situação notável, simplesmente não é possível agora (com qualquer esperança de um apelo universal) começar, como fizeram nossos pais, pelo fato do pecado. Este mesmo fato, que para eles (e para mim) é tão claro quanto a luz do dia, é o próprio fato que foi especialmente diluído ou negado. Mas, embora os modernos neguem a existência do pecado, não acho que tenham negado a existência de um manicômio até então. Todos ainda concordamos que há um colapso do intelecto tão inconfundível quanto uma casa em ruínas. Homens negam o inferno, mas não Hanwell, por ora. Para fins de nosso argumento primário, um pode muito bem ocupar o lugar do outro. Quero dizer que, assim como todos os pensamentos e teorias foram outrora julgados por sua tendência a causar a perdição da alma de um homem, para nosso propósito atual, todos os pensamentos e teorias modernos podem ser julgados por sua tendência a causar a perdição da sanidade de um homem.

É verdade que alguns falam, leviana e vagamente, sobre a insanidade como algo atraente em si. Mas uma reflexão momentânea mostrará que, se a doença é bela, costuma ser a doença de outra pessoa. Um cego pode ser uma figura interessante, mas é preciso ter dois olhos para contemplar a cena. E, de maneira similar, mesmo a poesia mais desvairada da insanidade só pode ser apreciada pelos sãos. Para o homem insano, sua insanidade é bastante prosaica, porque é bastante verdadeira. Um homem que pensa ser uma galinha é, para si mesmo, tão comum quanto uma galinha. Um homem que pensa ser um caco de vidro é, para si mesmo, tão desinteressante quanto um caco de vidro. É a homogeneidade de sua mente que o torna desinteressante e louco. Somente porque vemos a ironia de sua imaginação é que o achamos divertido; é somente porque ele não vê a ironia de sua imaginação que ele é colocado em Hanwell. Em resumo, as excentricidades só impressionam as pessoas comuns.

O maníaco

Excentricidades não impressionam as pessoas excêntricas. É por isso que as pessoas comuns têm uma vida muito mais animada, enquanto as excêntricas estão sempre reclamando da monotonia da vida. Isso também explica por que os novos romances desaparecem tão rápido, enquanto os velhos contos de fadas duram para sempre. O velho conto de fadas faz do herói um menino humano e normal; suas aventuras é que são surpreendentes, e elas o surpreendem porque ele é normal. Mas, no romance psicológico moderno, o herói é anormal; o centro não é central. Daí que as aventuras mais ferozes não o afetam adequadamente, e o livro torna-se monótono. É possível criar uma história com um herói entre dragões, mas não com um dragão entre dragões. O conto de fadas discute o que um homem são faria em um mundo louco. O romance sóbrio e realista de hoje discute o que um lunático incontornável faria em um mundo monótono.

Comecemos, então, com o manicômio; a partir desta pousada sombria e fantástica, comecemos nossa jornada intelectual. Agora, se formos lançar um olhar sobre a filosofia da sanidade, a primeira coisa a fazer é eliminar um erro grave e comum. Existe uma ideia, difundida por toda parte, de que a imaginação, em especial a imaginação mística, é perigosa para o equilíbrio mental do homem. É comum que poetas sejam considerados psicologicamente instáveis; e, em geral, há uma correlação implícita entre coroar-se com louros e enfeitar a cabeça com palha. Os fatos e a história contradizem essa visão por completo. A maioria dos grandes poetas foi não apenas sã, mas extremamente prática; e, se Shakespeare realmente ficou encarregado dos cavalos, foi porque ele era o homem mais confiável para fazê-lo. A imaginação não gera loucura. O que gera loucura é exatamente a razão. Poetas não enlouquecem, mas jogadores de xadrez, sim. Matemáticos enlouquecem, e caixeiros também; mas artistas criativos, muito raramente. Não estou, como se verá, atacando a lógica em qualquer sentido: só digo que esse perigo está na lógica, não na imaginação. A paternidade artística é tão saudável quanto a paternidade biológica. Além disso, é digno de nota que, quando um poeta era, de fato, psicologicamente instável, com frequência o era porque havia alguma debilidade em seu pensamento crítico. Poe, por exemplo, decerto era desequilibrado não porque fosse poético, mas porque era especialmente analítico. Para ele, até o jogo de xadrez era poético demais; ele não gostava de xadrez porque era cheio de cavalos e castelos, como um poema. Ele declarava preferir as peças pretas do jogo de damas porque eram mais parecidas com os simples pontos pretos de um diagrama. Talvez o argumento mais forte de todos seja este: apenas um grande poeta inglês enlouqueceu, Cowper. E ele indubitavelmente enlouqueceu devido à lógica, devido à lógica horrenda e estranha da predestinação. A poesia não foi a doença, mas o remédio; a poesia, em parte, o manteve são. Às vezes ele conseguia esquecer o rubro e ávido inferno para o qual seu terrível fatalismo o arrastava entre as extensas águas e os lírios brancos do rio Ouse. Ele foi condenado por João Calvino; ele foi quase salvo por John Gilpin.[2] Em toda parte, vemos que os homens não enlouquecem ao sonhar. Os críticos são muito mais loucos do que os poetas. Homero é íntegro e bastante sereno; são seus críticos que

---

2 Protagonista do poema cômico "The Diverting History of John Gilpin" [A divertida história de John Gilpin, em tradução livre] (1782), de William Cowper. A figura é um ícone da cultura britânica, simbolizando alguém preso em circunstâncias cômicas e fora de controle.

O maníaco

o despedaçam em farrapos extravagantes. Shakespeare não é outro senão ele mesmo; são apenas alguns de seus críticos que deduziram que ele era outra pessoa. E, embora João Evangelista tenha visto muitas criaturas estranhas em sua visão,[3] ele não viu nenhuma criatura tão indomável quanto um de seus próprios comentaristas. O fato geral é simples. A poesia é sã porque flutua sem esforço em um mar infinito; a razão busca atravessar o mar infinito e, assim, torná-lo finito. O resultado é um esgotamento mental, como o esgotamento físico do sr. Holbein. Aceitar tudo é um exercício, entender tudo é uma sobrecarga. O poeta só deseja exaltação e expansão, um mundo em que possa expandir-se. O poeta apenas pede para colocar sua cabeça no céu. É o lógico que busca colocar o céu na cabeça. E é a cabeça deste que se esfacela.

É um detalhe pequeno, mas não irrelevante, que esse erro notável seja com frequência apoiado por uma citação notavelmente incorreta. Todos nós já ouvimos pessoas citarem o célebre verso de Dryden como "O grande gênio está próximo da loucura". Mas Dryden não disse que o grande gênio está próximo da loucura. Dryden, sendo um grande gênio, sabia disso melhor do que ninguém. Teria sido difícil encontrar um homem mais romântico do que ele, ou mais sensato. O que Dryden disse foi isto: "Grandes inteligências frequentemente estão próximas da loucura"; e isso é verdade. É a prontidão pura do intelecto que corre o risco de um colapso. As pessoas também poderiam se lembrar de que tipo de homem Dryden estava falando. Ele não estava falando de algum poeta metafísico alheio às coisas terrenas, como Vaughan ou

---

3 Referência aos capítulos 4, 5, 6, 9, 12, 13 e 17 do Apocalipse.

George Herbert. Ele estava falando de um homem cínico, um homem do mundo, um cético, um diplomata, um grande político pragmático. Homens assim, de fato, estão próximos da loucura. Seu cálculo incessante sobre a própria mente e a mente dos outros é um ofício perigoso. Sempre é arriscado para a mente tentar calcular a mente. Alguém já perguntou por que dizemos "louco como um chapeleiro". Alguém mais loquaz poderia responder que um chapeleiro é louco porque tem de medir a cabeça humana.

E, se os grandes pensadores muitas vezes são maníacos, é igualmente verdade que os maníacos são comumente grandes pensadores. Quando estive envolvido em uma controvérsia com o jornal *Clarion* sobre o livre-arbítrio, o hábil escritor sr. R.B. Suthers disse que este era uma loucura, pois significava ações sem causa, e as ações de um lunático seriam sem causa. Não me demoro aqui na falha desastrosa na lógica determinista. Obviamente, se alguma ação, mesmo a de um lunático, pode não ter causa, o determinismo está acabado. Se o encadeamento de nexo causal pode ser interrompido para um louco, ele pode ser interrompido para qualquer homem. Mas meu propósito é apontar algo mais prático. Seria natural, talvez, que um socialista marxista moderno não soubesse nada sobre o livre-arbítrio. Mas era certamente notável que um socialista marxista moderno não soubesse nada sobre lunáticos. É evidente que o sr. Suthers não sabia nada sobre lunáticos. A última coisa que se pode dizer de um lunático é que suas ações são sem causa. Se algum ato humano pode ser vagamente chamado de sem causa, são os atos menores de um homem saudável: assobiar enquanto anda, golpear a grama com uma bengala, bater os calcanhares ou esfregar as mãos. É o homem feliz que faz as

O maníaco

coisas inúteis; o doente não é forte o suficiente para ser ocioso. São exatamente essas ações descuidadas e sem causa que o louco jamais poderia entender, pois o louco (assim como o determinista) costuma ver causa demais em tudo. O louco interpretaria essas atividades vazias como significativas em um sentido conspiratório. Ele pensaria que o ato de golpear a grama era um ataque à propriedade privada. Ele pensaria que o bater de calcanhares era um sinal para um cúmplice. Se o louco pudesse, por um instante, tornar-se despreocupado, ele se tornaria são. Todos que tiveram o infortúnio de conversar com pessoas no auge ou à beira do distúrbio mental sabem que a característica mais sinistra delas é uma terrível clareza de detalhes; uma conexão entre uma coisa e outra em um mapa mais elaborado que um labirinto. Se você discutir com um louco, é extremamente provável que saia em desvantagem, pois de muitas maneiras a mente dele é mais ágil por não ser limitada pelas coisas que acompanham o bom senso. Ele não é contido pela comicidade ou pela tolerância, ou pelas certezas tácitas da experiência. Ele é mais lógico por perder certos afetos sadios. De fato, a frase comum para a insanidade neste sentido é enganosa. O louco não é o homem que perdeu a razão. O louco é o homem que perdeu tudo, exceto a razão.

A explicação de um louco sobre alguma coisa é sempre completa e, muitas vezes, satisfatória em um sentido puramente racional. Ou, falando de modo mais estrito, a explicação do insano, se não definitiva, é ao menos irrefutável; isso pode ser observado especialmente nos dois ou três tipos mais comuns de loucura. Se um homem diz (por exemplo) que existe uma conspiração contra ele, não se pode contestá-lo, exceto afirmando que todos negam ser conspiradores, o que é exatamente o que conspiradores fariam. A explicação dele cobre os fatos tanto quanto a sua. Ou, se um homem diz que é o legítimo rei da Inglaterra, não basta dizer que as autoridades vigentes o consideram louco; pois, se ele fosse o rei da Inglaterra, essa poderia ser a atitude mais sensata para as autoridades. Ou, se um homem diz que é Jesus Cristo, não basta dizer a ele que o mundo nega sua divindade; afinal, o mundo negou a de Cristo. Mesmo assim, ele está errado. Mas, se tentarmos identificar seu erro em termos exatos, não o acharemos tão fácil quanto supúnhamos. Talvez a descrição mais próxima que possamos fazer seja esta: sua mente se move em um círculo perfeito, mas estreito. Um círculo pequeno é tão infinito quanto um círculo grande, mas, embora seja igualmente infinito, não é tão grande. Da mesma forma, a explicação insana é tão completa quanto a sã, mas não é tão ampla. Uma bala é tão esférica quanto o mundo, mas não é o mundo. Existe algo como uma universalidade estreita; existe algo como uma eternidade pequena e limitada; é possível vê-la em muitas religiões modernas. Agora, falando de modo estritamente externo e empírico, podemos dizer que o SINAL mais claro e inequívoco da loucura é essa combinação de uma completude lógica e uma contração espiritual. A teoria do lunático explica muitas coisas, mas não as explica de forma ampla. Quero dizer que, se você ou eu estivéssemos lidando com uma mente cada vez mais instável, estaríamos mais preocupados não tanto em oferecer argumentos, mas oferecer ar para convencê-la de que existe algo mais leve e descontraído fora da asfixia de um único argumento. Suponha, por exemplo, que fosse o primeiro caso que tomei como simbólico; suponha que fosse o caso de um homem

O maníaco

que acusa todos de conspirarem contra ele. Se pudéssemos expressar nossos sentimentos mais profundos de protesto e apelo contra essa obsessão, presumo que diríamos algo como: "Ah, eu reconheço que você tem sua teoria, e a conhece de cor, e que muitas coisas de fato se encaixam em outras, como você diz. Reconheço que sua explicação elucida muita coisa, mas quanta coisa ela deixa de fora! Não existem outras histórias no mundo além da sua? Será que todos os homens estão ocupados apenas com o que diz respeito a você? Suponha que aceitemos os detalhes; talvez, quando o homem na rua pareceu não o ver, tenha sido apenas por fingimento; talvez, quando o policial lhe perguntou o nome, tenha sido apenas porque ele já o conhecia. Mas como você seria mais feliz se ao menos soubesse que essas pessoas nada se importam com você! Como sua vida seria maior se seu ego diminuísse; se você pudesse realmente olhar para os outros homens com curiosidade e prazer comuns; se pudesse vê-los andando como são em seu radiante egoísmo e sua vigorosa indiferença! Você começaria a se interessar por eles porque eles não estão interessados em você. Você sairia deste pequeno e vulgar teatro no qual sua pequena trama está sempre sendo encenada e se encontraria sob um céu mais livre, em uma rua cheia de estranhos esplêndidos."
Ou suponha que fosse o segundo caso de loucura, o de um homem que afirma ser o rei; seu impulso seria responder: "Está bem! Talvez você saiba que é o rei da Inglaterra, mas por que se importa? Faça um esforço extraordinário e você será humano e superior a todos os reis da Terra." Ou poderia ser o terceiro caso, do louco que se diz Cristo. Se disséssemos o que sentimos, diríamos: "Então, você é o Criador e Redentor do mundo, mas que mundo pequeno deve ser

o seu! Que céu diminuto você deve habitar, com anjos não maiores que borboletas! Como deve ser triste ser Deus; e um Deus inadequado! Será que não existe mesmo uma vida mais plena e um amor mais maravilhoso do que o seu; e é, de fato, em sua pequena e dolorosa piedade que toda a carne deve depositar sua fé? Como você seria mais feliz, quanto mais haveria de você, se o martelo de um Deus maior pudesse destruir seu pequeno cosmos, espalhando as estrelas como lantejoulas, e deixá-lo ao ar livre, livre como os outros homens para olhar tanto para cima quanto para baixo!"

E é preciso lembrar que a ciência mais puramente prática encara o mal mental dessa maneira; ela não busca argumentar com ele como se fosse uma heresia, mas apenas quebrá-lo como um feitiço. Nem a ciência moderna nem a religião antiga acreditam em liberdade total de pensamento. A teologia repreende certos pensamentos chamando-os de blasfemos. A ciência repreende certos pensamentos chamando-os de mórbidos. Por exemplo, algumas sociedades religiosas desencorajavam os homens, em maior ou menor grau, de pensar sobre sexo. A nova sociedade científica desencoraja claramente os homens de pensar sobre a morte; é um fato, mas é considerado um fato mórbido. E, ao lidar com aqueles cuja morbidez tem um toque de mania, a ciência moderna se preocupa muito menos com a lógica pura do que um dervixe dançante.[4] Nesses casos, não basta que o homem infeliz deseje a verdade; ele deve desejar a saúde. Nada pode salvá-lo, exceto uma fome cega pela normalidade, como a de um animal. Um homem não consegue sair do

---

4 Um dervixe dançante é um membro da ordem sufi "Mevlevi", fundada pelo poeta persa Rumi no século XIII.

O maníaco

mal mental pelo pensamento, pois é justamente o órgão do pensamento que se tornou doente, incontrolável e, por assim dizer, independente. Ele só pode ser salvo pela vontade ou pela fé. No momento em que sua mera razão se move, ela se move no mesmo sulco circular antigo; ele girará continuamente em seu círculo lógico, assim como um homem em um vagão de terceira classe no Inner Circle[5] continuará girando no Inner Circle a menos que execute o ato voluntário, vigoroso e místico de descer na estação de Gower Street. Decisão é tudo aqui; uma porta deve ser fechada para sempre. Todo remédio é um remédio desesperado. Toda cura é uma cura milagrosa. Curar um louco não é discutir com um filósofo; é expulsar um demônio. E, por mais que médicos e psicólogos se dediquem ao assunto sem alarde, sua atitude é profundamente intolerante — tão intolerante quanto Maria, a Sanguinária. Sua atitude é, na verdade, esta: que o homem deve parar de pensar se quiser continuar vivendo. Seu conselho é de amputação intelectual. Se tua CABEÇA te escandalizar, corta-a, pois é melhor não apenas entrar no Reino dos Céus como uma criança, mas entrar como um imbecil, do que, com todo o teu intelecto, ser lançado no inferno[6] — ou em Hanwell.

Tal é a experiência do louco: ele é comumente um debatedor, frequentemente um debatedor bem-sucedido. Sem dúvida, ele poderia ser refutado por meio da pura razão, e o caso contra ele ser apresentado de maneira lógica. Mas isso pode ser exposto de forma muito mais precisa em termos

---
5 Refere-se à linha "Inner Circle" do sistema metroviário de Londres, que em 1908 era uma linha circular que percorria o centro da cidade em um *loop* contínuo.
6 Paráfrase de Mateus 5:29-30, e 18:9.

mais gerais e até estéticos. Ele está na prisão limpa e bem iluminada de uma só ideia: é habilidoso em raciocinar dentro desse limite torturante. Ele carece de hesitação e complexidade saudáveis. Agora, como explico na Introdução, propus-me, nestes primeiros capítulos, a oferecer não tanto um diagrama de uma doutrina, mas algumas imagens de um ponto de vista. E descrevi com minúcia minha visão do maníaco por esta razão: assim como sou afetado pelo maníaco, sou afetado pela maioria dos pensadores modernos. Aquele tom ou nota inconfundível que ouço de Hanwell, ouço-o também de metade das cátedras de ciência e centros de aprendizado de hoje, e a maioria dos médicos de loucos são médicos de loucos em mais de um sentido. Todos eles têm exatamente a combinação que observamos: a combinação de uma razão expansiva e exaustiva com um senso comum contraído. Eles são abrangentes apenas no sentido de que pegam uma explicação superficial e a levam muito adiante. Mas um padrão pode estender-se infinitamente e, ainda assim, ser um padrão limitado. Eles veem um tabuleiro de xadrez branco sobre preto; e, se o universo é pavimentado com ele, ainda é branco sobre preto. Como o lunático, não conseguem alterar seu ponto de vista; não conseguem fazer um esforço mental e de repente vê-lo preto sobre branco.

Tomemos primeiro o caso mais óbvio do materialismo. Como explicação do mundo, o materialismo possui uma espécie de simplicidade insana. Ele tem exatamente a qualidade do argumento do louco; temos, ao mesmo tempo, a sensação de que cobre tudo e a sensação de que deixa tudo de fora. Contemple um materialista capaz e sincero como, por exemplo, o sr. McCabe, e você terá exatamente essa sensação única. Ele entende tudo, e não parece valer a pena

O maníaco

entender tudo. Seu cosmos pode estar completo em cada rebite e engrenagem, mas, ainda assim, seu cosmos é menor do que nosso mundo. De alguma forma, seu esquema, como o esquema lúcido do louco, parece inconsciente às energias estranhas e à grande indiferença da Terra; não pensa nas coisas terrenas reais, nos povos em luta ou nas mães orgulhosas, ou no primeiro amor ou no medo sobre o mar. A Terra é tão grande, e o cosmos é tão pequeno. O cosmos é o menor buraco em que um homem pode esconder a cabeça.

Deve-se entender que não estou discutindo agora a relação dessas crenças com a verdade, mas, por ora, unicamente sua relação com a saúde. Mais adiante no argumento, espero abordar a questão da veracidade objetiva; aqui, falo apenas de um fenômeno da psicologia. Não tento, por ora, provar a Haeckel que o materialismo é falso, não mais do que tentei provar ao homem que pensava ser Cristo que ele estava laborando em um erro. Limito-me a observar aqui o fato de que ambos os casos têm o mesmo tipo de completude e o mesmo tipo de incompletude. Pode-se explicar a detenção de um homem em Hanwell por um público indiferente dizendo que é a crucificação de um deus do qual o mundo não é digno.[7] A explicação explica. Da mesma forma, pode-se explicar a ordem no universo dizendo que todas as coisas, até a alma dos homens, são folhas desabrochando de maneira inevitável em uma árvore totalmente inconsciente — o destino cego da matéria. A explicação explica, embora, é claro, não com tanta completude quanto a do louco. Mas o ponto central aqui é que a mente humana típica não apenas se opõe a ambas, mas sente a mesma objeção por ambas.

---

7 Alusão à Carta aos Hebreus 11:38.

Sua formulação aproximada é que, se o homem em Hanwell é o verdadeiro Deus, ele não é um grande deus. E, da mesma forma, se o cosmos do materialista é o verdadeiro cosmos, não é grande coisa. A coisa se encolheu. A divindade é menos divina do que muitos homens; e, segundo Haeckel, a totalidade da vida é algo muito mais cinza, estreito e trivial do que muitos de seus aspectos separados. As partes parecem maiores que o todo.

Pois devemos lembrar que a filosofia materialista (verdadeira ou não) é decerto muito mais limitante do que qualquer religião. Em certo sentido, é claro, todas as ideias inteligentes são estreitas. Não podem ser mais amplas do que elas próprias. Um cristão está restrito apenas no mesmo sentido em que um ateu está restrito. Ele não pode considerar o cristianismo falso e continuar sendo cristão; e o ateu não pode considerar o ateísmo falso e continuar sendo ateu. Mas, na realidade, existe um sentido muito especial em que o materialismo tem mais restrições do que o espiritualismo. O sr. McCabe pensa que sou um escravo porque não posso acreditar no determinismo. Eu penso que o sr. McCabe é um escravo porque não pode acreditar em fadas. Mas, se examinarmos os dois vetos, veremos que o dele é, na verdade, muito mais um veto puro do que o meu. O cristão é bastante livre para acreditar que há uma quantidade considerável de ordem estabelecida e de desenvolvimento inevitável no universo. Mas o materialista não tem permissão para admitir, em sua máquina imaculada, o menor traço de espiritualismo ou milagre. O pobre sr. McCabe não tem permissão nem mesmo para manter o menor dos diabos, ainda que escondido em uma pimpinela. O cristão admite que o universo é múltiplo e até mesmo diversificado, assim

O maníaco

como um homem são sabe que ele próprio é complexo. O homem são sabe que tem um vestígio de animal, um vestígio de demônio, um vestígio de santo, um vestígio de cidadão. Aliás, o homem realmente são sabe que tem um vestígio de louco. Mas o mundo do materialista é bem simples e sólido, assim como o louco tem plena certeza de que é são. O materialista está certo de que a história não passa de um simples encadeamento de causa e efeito, assim como a pessoa interessante antes mencionada tem plena certeza de que não passa de uma simples galinha. Materialistas e loucos nunca têm dúvidas.

As doutrinas espirituais não limitam a mente como o fazem as negações materialistas. Mesmo que eu acredite na imortalidade, não preciso pensar sobre ela. Mas, se eu não acredito na imortalidade, não devo pensar sobre o assunto. No primeiro caso, o caminho está aberto e posso ir tão longe quanto quiser; no segundo, o caminho está fechado. Mas o argumento é ainda mais forte, e o paralelo com a loucura é ainda mais estranho. Pois era nosso argumento contra a teoria exaustiva e lógica do lunático o fato de que, estando certa ou errada, ela gradualmente destruía a humanidade dele. Agora, é a acusação contra as principais deduções do materialista o fato de que, estando certas ou erradas, elas gradualmente destroem a humanidade dele; não me refiro apenas à bondade, mas à esperança, à coragem, à poesia, à iniciativa, a tudo o que é humano. Por exemplo, quando o materialismo leva os homens ao fatalismo completo (como em geral acontece), é inútil fingir que ele é, de algum modo, uma força libertadora. É absurdo dizer que você está promovendo, acima de tudo, a liberdade quando usa o pensamento livre apenas para destruir o livre-arbítrio. Os deterministas vêm para prender, não para libertar. Eles bem podem chamar sua lei de "cadeia" de nexo causal. É a pior cadeia que já prendeu um ser humano. Pode-se usar a linguagem da liberdade, se quiser, a respeito do ensinamento materialista, mas é óbvio que isso é tão inaplicável a ele como um todo quanto a mesma linguagem aplicada a um homem trancado em um manicômio. Pode-se dizer, se quiser, que o homem é livre para pensar que é um ovo pochê. Mas é certamente um fato mais preponderante e importante que, se ele é um ovo pochê, não é livre para comer, beber, dormir, andar ou fumar um cigarro. Da mesma forma, pode-se dizer, se quiser, que o audacioso especulador determinista é livre para descrer na realidade do arbítrio. Mas é um fato muito mais preponderante e importante que ele não é livre para levantar-se da cama, amaldiçoar, agradecer, justificar, instigar, punir, resistir a tentações, incitar multidões, fazer resoluções de Ano-Novo, perdoar pecadores, repreender tiranos ou até mesmo dizer "obrigado" pela mostarda.

Ao passar por esse assunto, posso notar que existe uma falácia curiosa segundo a qual o fatalismo materialista é, de alguma forma, favorável à misericórdia, à abolição de punições cruéis ou de qualquer tipo de punição. Isso é surpreendentemente o oposto da verdade. É bem defensável que a doutrina da necessidade não faça diferença alguma; que deixa o açoitador a açoitar e o amigo bondoso a exortar como antes. Mas, obviamente, se ela impede qualquer um deles, impede a exortação bondosa. Que os pecados sejam inevitáveis não impede a punição; se impede algo, impede a persuasão. O determinismo é tão propenso a levar à crueldade quanto é certo de levar à covardia. O determinismo não é incompatível com o tratamento cruel de criminosos.

O maníaco

Ele é incompatível (talvez) com o tratamento generoso dos criminosos, com qualquer apelo aos seus melhores sentimentos ou encorajamento em sua luta moral. O determinista não acredita em apelar para o arbítrio, mas acredita em mudar o ambiente. Ele não pode dizer ao pecador "Vá e não peque mais", porque o pecador não tem como evitar. Mas ele pode colocá-lo no óleo em fervura, pois o óleo em fervura é um ambiente. Considerado como uma figura, portanto, o materialista tem o contorno fantástico da figura do louco. Ambos adotam uma posição ao mesmo tempo irrefutável e intolerável.

Claro, tudo isso é verdadeiro não apenas no que diz respeito ao materialista. O mesmo se aplica ao outro extremo da lógica especulativa. Há um cético muito mais terrível do que aquele que acredita que tudo começou na matéria. É possível encontrar o cético que acredita que tudo começou em si mesmo. Ele não duvida da existência de anjos ou de demônios, mas da existência de homens e vacas. Para ele, seus próprios amigos são uma mitologia criada por ele mesmo. Ele criou o próprio pai e a própria mãe. Essa fantasia horrível tem algo decididamente cativante para o egoísmo um tanto místico de nossos dias. Aquele editor que pensava que os homens se sairiam bem se acreditassem em si mesmos, aqueles cobiçosos que buscam o Super-Homem sempre diante do espelho, aqueles escritores que falam em imprimir a própria personalidade em vez de criar algo significativo para o mundo, todos esses estão, na verdade, a um passo desse terrível vazio. Então, quando este mundo amável ao redor do homem tiver sido apagado como uma mentira; quando os amigos desaparecerem como fantasmas e os fundamentos do mundo falharem; então, quando o homem,

Ortodoxia

não acreditando em nada nem ninguém, estiver sozinho em seu próprio pesadelo, o grande lema individualista será escrito sobre ele em vingativa ironia. As estrelas serão apenas pontos na escuridão de seu próprio cérebro; o rosto de sua mãe será apenas um esboço de seu próprio lápis insano nas paredes de sua cela. Mas sobre sua cela estará escrito com assustadora verdade: "Ele acredita em si mesmo."

Tudo o que nos interessa aqui, no entanto, é notar que esse extremo cético do pensamento exibe o mesmo paradoxo que o outro extremo do materialismo. É igualmente completo em teoria e igualmente incapacitante na prática. Por uma questão de simplicidade, é mais fácil expor a noção dizendo que um homem pode acreditar que está sempre em um sonho. Agora, é óbvio que não há como oferecer a ele uma prova inegável de que ele não está sonhando pelo simples motivo de que não há evidência que não possa ser apresentada em um sonho. Mas, se o homem começasse a incendiar Londres e dissesse que sua governanta logo o chamaria para o café da manhã, nós o levaríamos e o colocaríamos com outros lógicos em um lugar que já foi mencionado várias vezes ao longo deste capítulo. O homem que não consegue acreditar em seus sentidos e o homem que não consegue acreditar em mais nada são ambos insanos, mas sua loucura não é provada por algum erro em seus argumentos, mas pelo erro manifesto de suas vidas inteiras. Ambos se trancaram em duas caixas pintadas por dentro com o Sol e as estrelas; ambos são incapazes de sair, um para o bem-estar e a felicidade celestes, o outro, ao menos, para o bem-estar e a felicidade terrenas. A posição deles é bastante razoável; aliás, em certo sentido, é infinitamente razoável, assim como uma moeda de três

O maníaco

pence[8] é infinitamente redonda. Mas existe algo como uma infinidade mesquinha, uma eternidade vil e servil. É interessante notar que muitos dos modernos, sejam eles céticos ou místicos, adotaram como signo um certo símbolo oriental, que é precisamente o símbolo desse último vazio. Quando desejam representar a eternidade, representam-na por uma serpente com a cauda na boca. Há um sarcasmo surpreendente na imagem dessa refeição muito insatisfatória. A eternidade dos fatalistas materialistas, a eternidade dos pessimistas orientais, a eternidade dos teosofistas arrogantes e dos cientistas superiores de hoje é, de fato, bem representada por uma serpente devorando a própria cauda, um animal aviltado que destrói a si mesmo.

Este capítulo é puramente prático e se ocupa do que, com efeito, é o principal sinal e componente da insanidade; podemos dizer, em resumo, que é a razão usada sem raízes, a razão no vazio. O homem que começa a pensar sem os primeiros princípios adequados enlouquece; ele começa a pensar pelo lado errado. E no restante destas páginas temos de tentar descobrir qual é o lado certo. Mas podemos perguntar, em conclusão, se isso é o que leva os homens à loucura, o que os mantém sãos? Até o final deste livro, espero dar uma resposta definitiva; alguns acharão uma resposta definitiva até demais. Mas, por ora, é possível, de maneira igualmente prática, dar uma resposta geral sobre o que, na história humana real, mantém os homens sãos. O misticismo mantém os homens sãos. Enquanto houver mistério, haverá saúde; quando se destrói o mistério, cria-se a morbidez. O homem comum sempre foi são porque sempre foi um místico.

---

8 A versão mais conhecida da moeda de três pence tinha doze lados, tornando-a distinta das moedas redondas.

Ele permitiu o crepúsculo. Ele sempre teve um pé na terra e o outro no mundo das fadas. Ele sempre se deixou livre para duvidar dos próprios deuses, mas, ao contrário do agnóstico de hoje, é livre também para acreditar neles. Ele sempre se importou mais com a verdade do que com a consistência. Se visse duas verdades que parecessem se contradizer, ele aceitaria ambas e a contradição junto com elas. Sua visão espiritual é estereoscópica, assim como sua visão física: ele vê duas imagens diferentes ao mesmo tempo e, no entanto, enxerga ainda melhor por isso. Assim, ele sempre acreditou que existia algo como o destino, mas também algo como o livre-arbítrio. De tal modo, acreditava que as crianças eram de fato o reino dos céus, mas, ainda assim, deviam obedecer ao reino da terra. Ele admirava a juventude porque era jovem e a velhice porque não era. É exatamente esse equilíbrio de aparentes contradições que tem sido toda a leveza do homem saudável. Todo o segredo do misticismo é este: que o homem pode entender tudo com a ajuda do que ele não entende. O lógico mórbido busca tornar tudo claro e consegue tornar tudo misterioso. O místico permite que uma coisa seja misteriosa, e todo o resto se torna claro. O determinista torna a teoria do nexo causal muito clara e então descobre que não pode dizer "por favor" à empregada. O cristão permite que o livre-arbítrio permaneça um mistério sagrado, mas, por causa disso, suas relações com a empregada tornam-se de uma clareza cintilante e cristalina. Ele coloca a semente do dogma em uma escuridão central, mas ela se ramifica em todas as direções com saúde natural abundante. Como tomamos o círculo como símbolo da razão e da loucura, podemos muito bem tomar a cruz como símbolo ao mesmo tempo de mistério e de saúde. O budismo é centrípeto, mas o cristianismo é centrífugo: ele se espalha.

O maníaco

Pois o círculo é perfeito e infinito em sua natureza, mas está fixo para sempre em seu tamanho; nunca pode ser maior ou menor. Mas a cruz, embora tenha em seu centro um conflito e um paradoxo, estende os quatro braços sem jamais alterar a forma. Porque tem um paradoxo em seu centro, pode se expandir sem alteração. O círculo se fecha em si mesmo e está limitado. A cruz abre os braços aos quatro ventos; é um indicador de caminho para viajantes livres. Somente os símbolos têm um valor, mesmo que nebuloso, ao falar sobre este assunto profundo; e outro símbolo da natureza física expressará suficientemente bem o verdadeiro lugar do misticismo perante a humanidade. A única coisa criada para a qual não podemos olhar diretamente é a única coisa à luz da qual para tudo olhamos. Como o Sol ao meio-dia, o misticismo explica tudo o mais pelo brilho de sua própria invisibilidade vitoriosa. O intelectualismo desvinculado é, no exato sentido de uma frase popular, puro luar, pois é luz sem calor, e é luz secundária, refletida de um mundo morto. Mas os gregos estavam certos quando fizeram de Apolo o deus tanto da imaginação quanto da sanidade, pois ele era tanto o patrono da poesia quanto o patrono da cura. Sobre dogmas necessários e um credo especial falarei adiante. Mas esse transcendentalismo pelo qual todos os homens vivem tem primariamente a posição do Sol no céu. Temos consciência dele como de uma espécie de confusão esplêndida; é algo ao mesmo tempo brilhante e disforme, ao mesmo tempo um brilho e uma mancha. Mas o círculo da Lua é tão claro e inconfundível, tão recorrente e inevitável, quanto o círculo de Euclides em um quadro de giz. Pois a Lua é totalmente razoável, e a Lua é a mãe dos lunáticos e deu a todos eles seu nome.

CAPÍTULO 3
O SUICÍDIO DO PENSAMENTO

As expressões da rua não são apenas vigorosas, mas sutis, pois uma figura de linguagem muitas vezes consegue penetrar em uma fenda pequena demais para uma definição. Expressões como "estar fora de si"[1] ou "estar desanimado"[2] poderiam ter sido cunhadas pelo sr. Henry James[3] em um momento de agonia por rigor expressivo. E não há verdade mais sutil do que a expressão cotidiana sobre um homem ter "o coração no lugar certo". Isso envolve a ideia de proporção normal; não apenas uma certa função existe, mas está corretamente relacionada com outras funções. De fato, a negação dessa expressão descreveria com peculiar justeza a misericórdia um tanto mórbida e a ternura perversa dos modernos mais típicos. Se, por

---

1 "Put out", no original.
2 "Off colour", no original.
3 Autor estadunidense, um dos maiores romancistas de língua inglesa, escreveu *A outra volta do parafuso*, entre outras obras.

exemplo, eu tivesse de descrever de forma justa o caráter do sr. Bernard Shaw, não poderia me expressar com mais exatidão do que dizendo que ele tem um coração heroicamente grande e generoso, mas não um coração no lugar certo. E isso também ocorre com a sociedade típica do nosso tempo. O mundo moderno não é mau; de certo modo, o mundo moderno é bom demais. Está cheio de virtudes desenfreadas e desperdiçadas. Quando um sistema religioso é desmantelado (como ocorreu com o cristianismo na Reforma), não apenas os vícios são libertados. Os vícios são, de fato, libertados e vagam causando danos. Mas as virtudes também ganham liberdade, e elas vagam com mais ferocidade e causam danos mais terríveis. O mundo moderno está cheio das velhas virtudes cristãs que enlouqueceram. As virtudes enlouqueceram porque foram isoladas umas das outras e estão vagando sozinhas. Assim, alguns cientistas se preocupam com a verdade, e sua verdade é impiedosa. Assim, alguns humanitários se preocupam apenas com a piedade, e sua piedade (lamento dizer) é, muitas vezes, falsa. Por exemplo, o sr. Blatchford[4] ataca o cristianismo porque é obcecado por uma virtude cristã: a virtude meramente mística e quase irracional da caridade. Ele tem a estranha ideia de que facilitará o perdão dos pecados dizendo que não há pecados a serem perdoados. O sr. Blatchford não é apenas um cristão primitivo, ele é o único cristão primitivo que realmente deveria ter sido devorado por leões. Pois, em seu caso, a acusação pagã é de fato verdadeira: sua misericórdia significaria mera anarquia. Ele realmente é o inimigo da raça humana

---

4 Robert Blatchford, jornalista e notável defensor do ateísmo na imprensa inglesa.

O suicídio do pensamento

— porque é demasiadamente humano. No outro extremo, tomemos o realista acre, que matou em si, de forma deliberada, todo prazer humano em histórias felizes ou na cura do coração. Torquemada torturou pessoas fisicamente em nome da verdade moral. Zola torturou pessoas moralmente em nome da verdade física. Mas, no tempo de Torquemada, havia pelo menos um sistema que podia, até certo ponto, fazer a justiça e a paz se beijarem.[5] Agora, elas nem mesmo se cumprimentam. No entanto, um caso muito mais forte do que esses dois, da verdade e da piedade, pode ser encontrado no caso notável da desarticulação da humildade.

É apenas com um aspecto da humildade que estamos aqui preocupados. A humildade foi em grande parte concebida como um freio à arrogância e à infinidade do apetite humano. O homem sempre ultrapassava as próprias misericórdias com suas necessidades recém-inventadas. A intensidade com que desfrutava da vida destruía metade de seus prazeres. Ao buscar o prazer, ele perdia o principal prazer, pois o principal prazer é a surpresa. Assim, tornou-se evidente que, se um homem quisesse tornar seu mundo grande, deveria sempre se tornar pequeno. Mesmo as visões altivas, as cidades imponentes e os pináculos vertiginosos são criações da humildade. Gigantes que pisoteiam florestas como relva são criações da humildade. Torres que se elevam até desaparecerem acima da estrela mais solitária são criações da humildade. Pois as torres não são altas, a menos que olhemos para cima para vê-las; e os gigantes não são gigantes, a menos que sejam maiores do que nós. Toda essa imaginação gigantesca, que talvez seja o maior dos prazeres do homem,

---

5 Alusão ao Salmo 85:10.

é, no fundo, inteiramente humilde. É impossível, sem humildade, desfrutar de qualquer coisa — até mesmo do orgulho. Mas o que nos aflige hoje é a humildade fora de lugar. A modéstia saiu da esfera da ambição. A modéstia se instalou no âmbito da convicção, onde nunca foi seu lugar. O homem deveria duvidar de si mesmo, mas ser inabalável quanto à verdade; porém, ocorre exatamente o contrário. Hoje em dia, o que um homem valoriza em si mesmo é justamente o que não deveria valorizar — seu próprio eu. E aquilo de que ele duvida é justamente o que não deveria questionar — a Razão Divina. Huxley pregou uma humildade satisfeita em aprender com a Natureza. Mas o novo cético é tão humilde que duvida se pode sequer aprender. Portanto, estaríamos equivocados se tivéssemos a pressa de afirmar que não há humildade própria de nosso tempo. A verdade é que existe uma humildade característica de nossa era; contudo, é praticamente uma humildade mais insidiosa do que as mais extremadas asceses do asceta. A antiga humildade era um estímulo que impedia o homem de parar, não um prego em seu sapato que o impedia de seguir em frente. Pois a antiga humildade fazia o homem duvidar de seus esforços, o que poderia fazê-lo se esforçar mais. Mas a nova humildade faz o homem duvidar de seus objetivos, o que o fará cessar seus esforços por completo.

Em qualquer esquina podemos encontrar um homem que profere a declaração desvairada e blasfema de que pode estar errado. Todos os dias encontramos alguém que diz que, sim, sua visão pode não ser a certa. Sua visão deve ser a certa, ou não seria sua visão. Estamos a caminho de produzir uma raça de homens mentalmente modestos demais para acreditar na tabuada. Corremos o risco de ver filósofos

O suicídio do pensamento

que duvidam da lei da gravidade, tratando-a como um mero capricho pessoal. Os zombadores dos tempos antigos eram orgulhosos demais para serem convencidos, mas estes são humildes demais para serem convencidos. Os mansos herdam a terra,[6] mas os céticos modernos são mansos demais até para reivindicar sua herança. É exatamente essa impotência intelectual que é nosso segundo problema.

O capítulo anterior tratou apenas de um fato da observação: que o perigo de morbidez para o homem vem mais de sua razão do que de sua imaginação. Não era para atacar a autoridade da razão; na verdade, o propósito final é defendê-la. Pois ela precisa de defesa. Todo o mundo moderno está em guerra com a razão, e a torre já cambaleia.

Diz-se frequentemente que os sábios não conseguem encontrar resposta para o enigma da religião. Mas o problema com nossos sábios não é que não consigam ver a resposta, é que não conseguem nem mesmo ver o enigma. São como crianças tão estúpidas que não percebem nada de paradoxal na afirmação galhofeira de que uma porta não é uma porta. Os latitudinários[7] modernos falam, por exemplo, sobre a autoridade na religião não apenas como se não houvesse razão nela, mas como se jamais tivesse havido razão para ela. Além de não verem sua base filosófica, eles não conseguem sequer ver sua causa histórica. Sem dúvida, a autoridade religiosa foi muitas vezes opressiva ou irracional, assim como

---

6 Referência à terceira beatitude do Sermão da Montanha, registrado em Mateus 5:5.
7 Termo usado para descrever aqueles que, nos séculos XVII e XVIII — em um contexto de grande tensão religiosa entre diferentes vertentes do cristianismo na Inglaterra —, defendiam uma interpretação mais flexível e tolerante das doutrinas e práticas religiosas na Igreja Anglicana.

todo sistema jurídico (e especialmente o nosso atual) tem sido insensível e cheio de uma apatia cruel. É racional atacar a polícia; aliás, é glorioso. Mas os críticos modernos da autoridade religiosa são como homens que atacariam a polícia sem jamais terem ouvido falar de ladrões. Pois existe um grande e possível perigo para a mente humana: um perigo tão prático quanto um assalto. Contra ele, a autoridade religiosa foi erguida, com ou sem razão, como uma barreira. E contra ele certamente algo deve ser erguido como uma barreira se nossa raça quiser evitar a ruína.

Esse perigo é que o intelecto humano é livre para se destruir. Assim como, ao entrarem todos em um mosteiro ou pularem no mar, uma geração poderia impedir a existência da próxima, um grupo de pensadores pode, até certo ponto, impedir o pensamento posterior ao ensinar à próxima geração que não há validade em nenhum pensamento humano. É inútil falar sempre da alternativa entre razão e fé. A razão é em si uma questão de fé. É um ato de fé afirmar que nossos pensamentos têm alguma relação com a realidade. Se você é apenas um cético, mais cedo ou mais tarde terá de fazer a si mesmo a pergunta: "Por que ALGO deveria dar certo, até mesmo a observação e a dedução? Por que a boa lógica não pode ser tão enganosa quanto a lógica ruim? Ambas são movimentos no cérebro de um macaco perplexo?" O jovem cético diz: "Tenho o direito de pensar por mim mesmo." Mas o velho cético, o completamente cético, afirma: "Não tenho o direito de pensar por mim mesmo. Não tenho o direito de pensar."

Há um pensamento que interrompe o pensamento. Esse é o único pensamento que deveria ser interrompido. Esse é o mal supremo contra o qual toda autoridade religiosa foi direcionada. Ele só aparece no fim de épocas decadentes como

O suicídio do pensamento

a nossa: e o sr. H.G. Wells já ergueu seu deletério estandarte; ele escreveu uma ardilosa obra sobre ceticismo chamada *Doubts of the Instrument* [Dúvidas sobre o instrumento, em tradução livre]. Nela, ele questiona o próprio cérebro e se esforça para remover toda a realidade de suas próprias afirmações passadas, presentes e futuras. Mas foi contra essa ruína remota que todos os sistemas militares na religião foram originalmente estabelecidos. Os credos e as cruzadas, as hierarquias e as perseguições horríveis não foram organizados, como se diz ignorantemente, para suprimir a razão. Foram organizados para a difícil defesa da razão. O homem, por um instinto cego, sabia que, se as coisas fossem questionadas de forma desenfreada, a razão poderia ser questionada primeiro. A autoridade dos sacerdotes para absolver, a autoridade dos papas para definir a autoridade, até a dos inquisidores para aterrorizar: todas eram apenas defesas obscuras erguidas em torno de uma autoridade central mais indemonstrável, mais sobrenatural do que todas — a autoridade de um homem para pensar. Sabemos agora que é assim: não temos desculpa para não saber. Pois ouvimos o ceticismo rompendo o velho círculo de autoridades e, ao mesmo tempo, vemos a razão claudicando em seu trono. Na medida em que a religião declina, a razão a segue. Pois ambas são da mesma espécie primária e autoritária. Ambas são métodos de prova que não podem ser provados. E, ao destruir a ideia de autoridade divina, em grande parte destruímos a ideia daquela autoridade humana pela qual efetuamos uma extensa conta de divisão. Com um puxão prolongado e persistente, tentamos arrancar a mitra do pontífice, e sua cabeça veio junto com ela.

Para que isso não seja chamado de afirmação vaga, talvez seja desejável, embora maçante, percorrer rapidamente as principais tendências de pensamento modernas que têm esse efeito de interromper o próprio pensamento. O materialismo e a visão de tudo como uma ilusão pessoal têm algum efeito assim; pois, se a mente se reduz aos sentidos, o pensamento não pode ser muito excitante, e, se o cosmos é irreal, não há nada sobre o que pensar. Mas, nesses casos, o efeito é indireto e duvidoso. Em alguns casos, é direto e claro, em especial no caso do que geralmente é chamado de evolução. A evolução é um bom exemplo dessa inteligência moderna que, se destrói alguma coisa, destrói a si mesma. A evolução é ou uma descrição científica inocente de como certas coisas terrenas surgiram; ou, se for algo mais do que isso, é um ataque ao próprio pensamento. Se a evolução destrói alguma coisa, não destrói a religião, mas o racionalismo. Se a evolução significa apenas que um ser vivo chamado macaco se transformou muito lentamente em um ser vivo chamado homem, então não tem nada de ofensivo para os mais ortodoxos, pois um Deus pessoal poderia muito bem fazer as coisas de maneira tão paulatina quanto célere, ainda mais se, como o Deus cristão, estivesse fora do tempo. Mas, se ela significa algo mais, significa que não existe um macaco para mudar, nem um homem no qual se transformar. Significa que não existe ser. No máximo, há apenas um fluxo, o fluxo de toda e qualquer existência. Isso não é um ataque à fé, mas ao pensamento; não se pode pensar se não há coisas sobre as quais pensar. Não se pode pensar se não se está separado do objeto do pensamento. Descartes disse: "Penso, logo existo." O evolucionista filosófico inverte e nega a máxima. Ele diz: "Não existo; logo, não posso pensar."

Então, há o ataque oposto ao pensamento: aquele instigado pelo sr. H.G. Wells ao insistir que cada coisa particular

O suicídio do pensamento

é "única" e que não há categoria alguma. Isso também é puramente destrutivo. Pensar é conectar ideias; e, quando não há ideias a serem conectadas, o pensamento é interrompido. Nem é preciso dizer que esse ceticismo que proíbe o pensamento inevitavelmente proíbe a fala; um homem não pode abrir a boca sem contradizê-lo. Assim, quando o sr. Wells diz (como o fez em algum lugar) "Todas as cadeiras são completamente diferentes", ele não apenas comete um erro, mas uma contradição em termos. Se todas as cadeiras fossem completamente diferentes, não seria possível se referir a elas como "todas as cadeiras".

Similar a essas é a falaciosa teoria do progresso, que defende a alteração do teste, e não a tentativa de passar no teste. Muitas vezes ouvimos dizer, por exemplo, que "o que é certo em uma época é errado em outra". Isso é bastante razoável se significa que há um alvo definido e que certos métodos atingem esse alvo em certas épocas e não em outras. Se as mulheres, digamos, desejam ser elegantes, pode ser que melhorem em um momento ficando mais gordas e, em outro, ficando mais magras. Mas não se pode dizer que elas vão melhorar desistindo da elegância e começando a desejar formas oblongas. Se o padrão muda, como pode haver melhoria, o que inclusive implica um padrão? Nietzsche propôs a ideia absurda de que os homens já buscaram como bom o que agora chamamos de mau; se assim fosse, não poderíamos falar em superá-los ou mesmo em ficar aquém deles. Como alcançar Jones[8] se caminha na direção oposta? Não se pode discutir se um povo teve mais sucesso em ser infeliz do

---

[8] "Jones" é o nome genérico que Chesterton usa para se referir ao homem comum, o "fulano".

que outro em ser feliz. Seria como discutir se o puritanismo de Milton era maior do que a gordura de um porco.

É verdade que um homem (um homem tolo) pode fazer da mudança em si seu objetivo ou ideal. Mas, como ideal, a mudança em si se torna imutável. Se o adorador da mudança quiser avaliar o próprio progresso, deve ter lealdade inabalável a esse ideal; não deve iniciar flertes levianos com o ideal da monotonia. O progresso em si não pode progredir. Vale a pena notar de passagem que, quando Tennyson, de maneira desvairada e um tanto frágil, saudou a ideia de uma alteração infinita na sociedade, ele instintivamente usou uma metáfora que sugere um tédio aprisionante. Ele escreveu:

> Que o vasto mundo gire eternamente nos trilhos ressonantes da mudança.[9]

Ele pensou na mudança em si como um trilho imutável, e assim é. A mudança é o trilho mais estreito e rígido em que um homem pode se meter.

O argumento principal aqui, no entanto, é que essa ideia de uma alteração fundamental no padrão é uma das coisas que impossibilitam, em absoluto, o pensamento sobre o passado ou o futuro. A teoria de uma mudança completa dos padrões na história humana não apenas nos priva do prazer de honrar nossos pais; priva-nos até do prazer mais moderno e aristocrático de desprezá-los.

Esta síntese concisa das forças destruidoras do pensamento em nossa época não estaria completa sem alguma referência ao pragmatismo, pois, embora eu tenha usado aqui

---

9 Citação extraída do poema "Locksley Hall" ["Salão de Locksley", em tradução livre], de Tennyson.

O suicídio do pensamento

e deva defender em todos os lugares o método pragmatista como um guia preliminar para a verdade, há uma aplicação extrema dele que envolve a ausência de toda verdade. Minha ideia pode ser exposta de forma breve da seguinte maneira: concordo com os pragmatistas que a aparente verdade objetiva não é tudo, que há uma necessidade impositiva de acreditar nas coisas necessárias à mente humana. Mas digo que uma dessas necessidades é precisamente a crença na verdade objetiva. O pragmatista diz a um homem para pensar o que deve pensar e não se preocupar com o Absoluto. Mas uma das coisas que ele deve pensar é exatamente o Absoluto. Essa filosofia, na verdade, é uma espécie de contradição em termos. O pragmatismo é uma questão de necessidades humanas, e uma das primeiras necessidades humanas é ser algo mais do que um pragmatista. O pragmatismo extremo é tão monstruoso quanto o determinismo que ele ataca tão enfaticamente. O determinista (que, para fazer-lhe justiça, não finge ser humano) reduz ao absurdo a percepção humana da escolha genuína. O pragmatista, que professa ser especialmente humano, reduz ao absurdo a percepção humana de verdade objetiva.

Para resumir nossa posição até agora, podemos dizer que as filosofias atuais mais típicas têm não apenas um toque de mania, mas um toque de mania suicida. O mero questionador bateu a cabeça contra os limites do pensamento humano e os fissurou. Isso é o que torna tão vãos os alertas dos ortodoxos e as bravatas dos progressistas sobre a perigosa infância do livre-pensamento. O que estamos vendo não é a infância do livre-pensamento, mas a sua decrepitude e derradeira dissolução. É inútil para bispos e figurões piedosos discutirem sobre as coisas terríveis que acontecerão se o ceticismo desenfreado seguir seu curso. Ele já seguiu seu curso. É inútil para ateus eloquentes falarem das grandes verdades que serão reveladas se algum dia testemunharmos o advento do livre-pensamento. Nós já presenciamos o seu ocaso. Não há mais perguntas a fazer; ele já inquiriu a si mesmo. Não se pode evocar nenhuma visão mais desvairada do que uma cidade em que os homens questionam se possuem um "eu". Não se pode imaginar um mundo mais cético do que aquele em que os homens duvidam da existência de um mundo. Certamente, ele teria alcançado sua bancarrota de maneira mais célere e desimpedida se ela não tivesse sido timidamente postergada pela aplicação de leis de blasfêmia[10] obsoletas ou pela disparatada pretensão de que a Inglaterra moderna seja cristã. Mas teria chegado à falência de qualquer maneira. Ateus militantes ainda são injustamente perseguidos; entretanto, mais por serem uma minoria antiga do que nova. O livre-pensamento esgotou sua própria liberdade. Está cansado de seu próprio sucesso. Se algum livre-pensador entusiasta agora saúda a liberdade filosófica como a aurora, ele é como o homem, em Mark Twain, que saiu envolto em cobertores para ver o nascer do sol e chegou bem a tempo de vê-lo se pôr. Se algum clérigo amedrontado ainda diz que será terrível caso a escuridão do livre-pensamento se espalhe, só podemos responder a ele com as altivas e poderosas palavras do sr. Belloc:[11] "Não se

---

10 As leis de blasfêmia na Inglaterra criminalizavam ofensas verbais contra Deus, a Bíblia e a doutrina cristã, refletindo o caráter oficial da Igreja Anglicana. De origem medieval, ainda eram aplicadas no início do século XX para proteger a moral pública.
11 Hilaire Belloc, escritor, historiador e político de orientação democrata franco-inglês, cujos escritos tiveram grande influência da fé cristã.

O suicídio do pensamento

preocupe, eu lhe suplico, com o aumento das forças já em dissolução. Você confundiu a hora da noite: já é manhã." Não temos mais perguntas a fazer. Procuramos perguntas nos cantos mais escuros e nos picos mais inacessíveis. Encontramos todas as perguntas que podem ser encontradas. É hora de pararmos de procurar por perguntas e começarmos a procurar por respostas.

Mas uma palavra a mais deve ser acrescentada. No início deste esboço preliminar negativo, eu disse que a causa de nossa ruína mental foi uma razão desenfreada, não uma imaginação desenfreada. Um homem não enlouquece porque faz uma estátua de dois metros de altura, mas pode enlouquecer ao pensar nela em centímetros quadrados. Ora, uma escola de pensadores percebeu isso e viu, com voracidade, uma maneira de renovar a saúde pagã do mundo. Eles veem que a razão destrói; mas a Vontade, dizem, cria. A autoridade suprema, afirmam, está na vontade, não na razão. A questão suprema não é por que um homem exige uma coisa, mas o fato de que ele a exige. Não tenho espaço para traçar ou expor essa filosofia da Vontade. Veio, suponho, por meio de Nietzsche,[12] que pregava algo que se chama egoísmo. Isso, de fato, era bastante simplório, pois Nietzsche negou o egoísmo simplesmente ao pregá-lo. Pregar alguma coisa é entregá-la. Primeiro, o egoísta chama a vida de uma guerra sem misericórdia e depois ele se esforça ao máximo para treinar seus inimigos na guerra. Pregar o egoísmo é praticar o altruísmo. Entretanto, onde quer que tenha se originado, essa visão é bastante comum na literatura atual.

---

12 Vontade de poder (ou vontade de potência) é um conceito central na filosofia de Friedrich Nietzsche, que descreve o impulso de afirmar e expandir o próprio poder e potencial criativo.

A principal defesa desses pensadores é que não são pensadores, são criadores. Dizem que a escolha em si é a coisa divina. Assim, o sr. Bernard Shaw atacou a velha ideia de que os atos dos homens devem ser julgados pelo padrão do desejo de felicidade. Ele diz que um homem não age pela própria felicidade, mas pela vontade. Ele não diz "Geleia me fará feliz", mas sim "Quero geleia". E nisso outros o seguem com ainda mais entusiasmo. O sr. John Davidson, um poeta notável, está tão entusiasmado com isso que se vê obrigado a escrever prosa. Ele publica uma peça curta com vários prefácios longos. Isso é bastante natural para o sr. Shaw, pois todas as suas peças são como prefácios: o sr. Shaw é (suspeito eu) o único homem na Terra que nunca escreveu poesia. Mas o fato de o sr. Davidson (que sabe escrever excelente poesia) preferir, em vez disso, escrever uma laboriosa metafísica em defesa da doutrina da vontade demonstra que ela realmente cativou os homens. Até o sr. H.G. Wells falou parcialmente sua linguagem ao dizer que se deve testar os atos não como um pensador, mas como um artista, afirmando: "SINTO que essa curva está certa" ou "essa linha DEVE ser assim". Todos estão animados, e bem podem estar. Pois, com essa doutrina da autoridade divina da vontade, pensam que podem transcender a fortaleza colapsada do racionalismo. Pensam que podem escapar.

Mas não podem escapar. Esse puro elogio da volição termina no mesmo colapso e vazio que a mera busca da lógica. Assim como o livre-pensamento radical envolve a dúvida sobre o próprio pensamento, a aceitação do mero "querer" realmente paralisa a vontade. O sr. Bernard Shaw não percebeu a verdadeira diferença entre o velho teste utilitário do prazer (desajeitado, claro, e facilmente mal interpretado) e o

O suicídio do pensamento

teste que ele propõe. A verdadeira diferença entre o teste da felicidade e o teste da vontade é simplesmente que o primeiro é um teste, enquanto o outro, não. Pode-se discutir se o ato de um homem ao pular de um penhasco foi direcionado à felicidade; não se pode discutir se foi derivado da vontade. Claro que foi. Pode-se elogiar uma ação dizendo que é calculada para gerar prazer ou dor, descobrir a verdade ou salvar a alma. Mas não se pode elogiar uma ação porque demonstra vontade, pois dizer isso é apenas dizer que é uma ação. Com esse elogio da vontade, não se pode eleger de fato um caminho melhor do que outro. E, no entanto, eleger um caminho melhor do que outro é a própria definição da vontade que se está elogiando.

A adoração da vontade é a negação da vontade. Admirar a mera escolha é recusar-se a escolher. Se o sr. Bernard Shaw vier até mim e disser "Escolha algo", isso equivale a dizer "Não me importo com o que você escolher", e isso equivale a dizer "Não tenho arbítrio sobre o assunto". Não se pode admirar a vontade em geral porque a essência da vontade é ser particular. Um anarquista brilhante como o sr. John Davidson sente uma irritação contra a moralidade comum e, portanto, invoca a vontade — a vontade para qualquer coisa. Ele só quer que a humanidade queira algo. Mas a humanidade, de fato, quer algo. Ela quer a moralidade comum. Ele se rebela contra a lei e nos diz para querermos alguma coisa, qualquer coisa. Mas nós já quisemos algo. Quisemos a lei contra a qual ele se rebela.

Todos os adoradores da vontade, de Nietzsche ao sr. Davidson, são, na verdade, bastante desprovidos de volição. Não podem querer, mal conseguem desejar. E, se alguém quiser uma prova disso, ela é facilmente encontrada. Pode ser encontrada neste fato: que eles sempre falam da vontade como algo que engrandece e liberta. Mas é exatamente o oposto. Todo ato de vontade é um ato de autoimposição de limites. O desejo de ação implica o desejo de limites. Nesse sentido, todo ato envolve sacrifício pessoal. Ao optar por algo, rejeita-se todas as demais opções. A objeção que essa escola de pensamento tinha ao matrimônio é, na realidade, uma objeção a todo ato. Toda ação implica uma escolha e renúncia irrevogáveis. Assim como, ao se casar com uma mulher, desiste-se de todas as outras; quando se escolhe um plano de ação, desiste-se de todos os outros. Se alguém se torna rei da Inglaterra, renuncia ao cargo de bedel em Brompton. Se alguém vai a Roma, sacrifica uma vida rica e estimulante em Wimbledon. É a existência desse lado negativo ou limitante da vontade que torna a maior parte das falas de seus adoradores anárquicos meras bobagens. Por exemplo, o sr. John Davidson nos diz para não nos importarmos com "Não farás",[13] mas não é evidente que "Não farás" é apenas um dos corolários necessários de "Eu irei"? "Eu irei ao *Lord Mayor's Show*, e você não me impedirá." O anarquismo nos exorta a ser artistas criativos ousados e não ligar para leis ou limites. Mas é impossível ser artista e não se importar com leis e limites. A arte é limitação; a essência de cada quadro é a moldura. Ao desenhar uma girafa, deve-se desenhá-la com um pescoço longo. Se, em sua maneira criativa ousada, você se considera livre para desenhar uma girafa

---

13 No original, "Thou shalt not". É a fórmula verbal empregada na *King James Version*, em Êxodo 20:1-17, e Deuteronômio 5:4-21, para estatuir oito dos Dez Mandamentos, conhecidos como "mandamentos negativos", em contraste com os dois "mandamentos positivos" (quarto e quinto), cuja fórmula verbal que os introduz é "Lembra-te" e "Honra".

O suicídio do pensamento

com pescoço curto, descobrirá, na verdade, que não é livre para desenhar uma girafa. No momento em que se entra no mundo dos fatos, entra-se em um mundo de limites. Pode-se libertar as coisas de leis externas ou fortuitas, mas não das leis que lhes são intrínsecas. É possível, se assim o quiser, libertar um tigre de suas grades, mas não há como libertá-lo de suas listras. Não liberte o camelo do fardo da corcova: você pode estar libertando-o de ser um camelo. Não saia por aí como um demagogo incentivando triângulos a sair da prisão de seus três lados. Se um triângulo sai de seus três lados, sua vida chega a um fim lamentável. Alguém escreveu uma obra chamada *The Loves of the Triangles* [Os amores dos triângulos, em tradução livre];[14] nunca a li, mas tenho certeza de que, se os triângulos alguma vez foram amados, o foram por serem triangulares. Isso certamente ocorre com toda criação artística, que é, de certa forma, o exemplo mais decisivo da vontade pura. O artista ama suas limitações: elas constituem a COISA que ele está fazendo. O pintor está feliz porque a tela é plana. O escultor está feliz pela ausência de cor na argila.

Caso o argumento não esteja claro, um exemplo histórico pode ilustrá-lo. A Revolução Francesa realmente foi heroica e decisiva porque os jacobinos desejaram algo definido e limitado. Desejavam as liberdades da democracia, mas também todos os vetos dela. Desejavam ter votos e NÃO

---

14 *The Loves of the Triangles* foi uma sátira escrita por George Canning, John Hookham Frere e outros colaboradores do jornal *Anti-Jacobin* em 1798. A sátira usa a matemática, em particular a geometria dos triângulos, como recurso humorístico para aludir aos ideais revolucionários franceses e ao avanço da ciência e da medição racional da época em oposição a métodos tradicionais ou arbitrários.

ter títulos. O republicanismo tinha um lado ascético em Franklin ou Robespierre, bem como um lado expansivo em Danton ou Wilkes. Portanto, criaram algo com substância e forma sólidas, a igualdade social uniforme e a prosperidade camponesa da França. Desde então, no entanto, a mente revolucionária ou especulativa da Europa foi enfraquecida por recuar diante de qualquer proposta devido aos limites desta. O liberalismo degenerou-se em liberalidade. Os homens tentaram transformar o verbo transitivo direto "revolucionar" em um verbo intransitivo. O jacobino saberia dizer não apenas contra qual sistema se rebelaria, mas também (o que era mais importante) o sistema contra o qual NÃO se rebelaria, o sistema no qual confiaria. Mas o novo rebelde é um Cético, e não confiará inteiramente em nada. Não tem lealdade; portanto, nunca poderá ser um revolucionário de verdade. E o fato de duvidar de tudo realmente o atrapalha quando quer denunciar algo. Pois toda denúncia implica uma doutrina moral de algum tipo, e o revolucionário moderno duvida não apenas da instituição que denuncia, mas também da própria doutrina que fundamenta a denúncia. Assim, ele escreve um livro reclamando que a opressão imperial insulta a pureza das mulheres e depois escreve outro (sobre o problema do sexo) no qual ele próprio a insulta. Ele amaldiçoa o sultão porque as meninas cristãs perdem a virgindade e, em seguida, amaldiçoa a sra. Grundy[15] porque elas permanecem virgens. Como po-

---

15 A sra. Grundy, personagem fictícia da peça *Speed the Plough* [Apressa o arado, em tradução livre], de Thomas Morton, encarna a moralidade convencional e as normas sociais rígidas. Chesterton utiliza esse arquétipo para simbolizar a hipocrisia da sociedade, contrapondo-a à figura do sultão, que representa um comportamento mais liberal ou transgressor.

O suicídio do pensamento

lítico, ele clamará que a guerra é um desperdício de vida; depois, como filósofo, que toda a vida é perda de tempo. Um pessimista russo denunciará um policial por matar um camponês e, em seguida, provará, pelos mais altos princípios filosóficos, que o camponês deveria ter se matado. Um homem denuncia o casamento como mentira e, posteriormente, também os libertinos aristocráticos por tratá-lo como mentira. Ele chama uma bandeira de mero enfeite e, em seguida, culpa os que oprimem a Polônia ou a Irlanda por eliminarem esse mero enfeite.[16] O homem dessa escola vai primeiro a uma reunião política, na qual reclama que os selvagens são tratados como se fossem animais; depois, pega seu chapéu e guarda-chuva e vai a uma reunião científica, onde prova que, empiricamente, são animais. Em suma, o revolucionário moderno, sendo um cético incorrigível, está sempre envolvido em minar suas próprias minas. Em seu livro sobre política, ele ataca os homens por pisotear a moralidade; em seu livro sobre ética, ataca a moralidade por pisotear os homens. Portanto, o revoltado homem moderno tornou-se praticamente inútil para todos os fins de revolta. Ao se rebelar contra tudo, perdeu o direito de se rebelar contra qualquer coisa.

Pode-se acrescentar que o mesmo vazio e falência são observados em todos os tipos ferozes e terríveis da literatura, especialmente na sátira. A sátira pode ser insana e anárquica, mas pressupõe uma hierarquia de valores, pela qual certas coisas são consideradas superiores a outras; pressupõe

---

16 Historicamente, Chesterton está aludindo à ocupação e opressão que a Polônia e a Irlanda sofreram por parte de potências dominantes. A bandeira e os símbolos nacionais poloneses eram vistos como ameaças ao poder dos ocupantes.

um padrão. Quando os meninos da rua riem da obesidade de algum jornalista ilustre, estão inconscientemente assumindo um padrão de escultura grega. Estão apelando para o mármore de Apolo. E a estranha ausência de sátira em nossa literatura é um exemplo de como as causas passionais perdem força quando não há um ideal ou valor claro a defender. Nietzsche tinha certo talento natural para o sarcasmo: sabia escarnecer, embora não soubesse rir; mas sempre há algo etéreo e insubstancial em sua sátira, pois falta a ela um fundamento de códigos morais comuns que lhe sejam subjacentes. Ele próprio é mais absurdo do que qualquer coisa que denuncia. Mas, de fato, Nietzsche representa muito bem todo esse fracasso da violência abstrata. A degeneração mental que por fim o acometeu não foi um acidente físico. Se Nietzsche não tivesse sucumbido à demência, seria o nietzschianismo que teria sucumbido. O isolamento intelectual altivo leva à idiotia. Todo homem que não quebrantar o coração terá, por fim, o cérebro amolecido.

Essa última tentativa de fugir do intelectualismo termina no intelectualismo e, portanto, na morte. A investida falhou. A adoração desvairada da anarquia e a adoração materialista da lei terminam no mesmo vazio. Nietzsche escala montanhas vertiginosas, mas acaba chegando ao Tibete. Ele se senta ao lado de Tolstói na terra do nada e do nirvana. Ambos são impotentes — um porque não pode se apegar a nada, e o outro porque não pode desapegar de nada. A vontade do tolstoiano é congelada por um instinto budista segundo o qual todas as ações específicas são más. Mas a vontade do nietzschiano é igualmente congelada por sua visão de que todas as ações específicas são boas; pois, se todas

O suicídio do pensamento

as ações específicas são boas, nenhuma delas é específica. Eles estão na encruzilhada, um odeia todas as estradas, e o outro gosta de todas elas. O resultado é... bem, algumas coisas não são difíceis de calcular. Eles estão na encruzilhada. Aqui termino (graças a Deus) o primeiro e mais tedioso assunto deste livro — uma rápida análise do pensamento contemporâneo. Depois disso, começo a esboçar uma visão da vida que pode não interessar ao meu leitor, mas que, em todo caso, interessa a mim. À minha frente, enquanto fecho esta página, está uma pilha de livros recentes que estive folheando para este fim — uma pilha de engenhosidade, uma pilha de futilidade. Pelo acaso da minha atual isenção, posso ver a inevitável colisão das filosofias de Schopenhauer e Tolstói, Nietzsche e Shaw tão claramente quanto um inevitável desastre ferroviário poderia ser visto de um balão. Todos estão a caminho do vazio do manicômio. Pois a loucura pode ser definida como usar a atividade mental para alcançar a impotência mental; e eles quase chegaram lá. Aquele que pensa ser feito de vidro pensa até na destruição do pensamento, pois o vidro não pode pensar. Assim, aquele que deseja nada rejeitar quer a destruição da vontade, afinal a vontade não é apenas a escolha de algo, mas a rejeição de quase tudo. E, enquanto viro e reviro os livros atuais — inteligentes, maravilhosos, cansativos e inúteis —, o título de um deles prende meu olhar. Chama-se *Joana d'Arc*, de Anatole France. Apenas o folheei, mas uma olhada foi suficiente para me lembrar de *Vida de Jesus*, de Renan. Tem o mesmo método estranho do cético reverente. Desacredita histórias sobrenaturais que têm algum fundamento pela simples narração de histórias naturais que não têm fundamento. Porque não podemos acreditar no que um santo fez, devemos fingir que sabemos exatamente o que ele sentiu. No entanto, não menciono esses dois livros para criticá-los, mas porque a combinação acidental dos nomes evocou duas imagens impressionantes de Sanidade que eclipsaram todos os livros diante de mim. Joana d'Arc não ficou presa na encruzilhada, seja rejeitando todos os caminhos como Tolstói, seja aceitando todos como Nietzsche. Ela escolheu um caminho e o seguiu como um raio. No entanto, Joana, quando comecei a pensar nela, tinha em si tudo o que era verdadeiro em Tolstói ou Nietzsche, tudo o que era até tolerável em ambos. Pensei em tudo o que há de nobre em Tolstói, o prazer nas coisas simples, em especial na piedade simples, nas realidades da terra, na reverência pelos pobres, na dignidade das costas curvadas. Joana d'Arc tinha tudo isso, e com este grande acréscimo: ela tanto suportava a pobreza como a admirava, enquanto Tolstói é apenas um típico aristocrata tentando descobrir seu segredo. E, então, pensei em tudo o que havia de corajoso, orgulhoso e patético no pobre Nietzsche e em sua revolta contra o vazio e a timidez de nosso tempo. Pensei em seu clamor pelo equilíbrio extático do perigo, sua fome pela correria dos grandes cavalos, seu clamor às armas. Bem, Joana d'Arc tinha tudo isso e, novamente com esta diferença, ela não exaltou a luta, mas lutou. SABEMOS que ela não tinha medo de um exército, enquanto Nietzsche, pelo que sabemos, tinha medo de uma vaca. Tolstói apenas elogiou o camponês; ela era a camponesa. Nietzsche apenas elogiou o guerreiro; ela era a guerreira. Ela superou ambos em seus próprios ideais antagônicos; ela era mais gentil do que um, mais impetuosa do que o outro. No entanto, era uma pessoa perfeitamente prática que fez algo, enquanto

O suicídio do pensamento

eles eram especuladores desvairados que não faziam nada. Era impossível que não me ocorresse o pensamento de que ela e sua fé talvez tivessem algum segredo de unidade e utilidade moral que foi perdido. E com esse pensamento veio um maior, e a colossal figura de seu Mestre também cruzou o teatro dos meus pensamentos. A mesma dificuldade moderna que obscureceu o tema de Anatole France também obscureceu o de Ernest Renan. Ele também separou a piedade de seu herói de sua combatividade. Renan até representou a justa ira em Jerusalém[17] como um mero colapso nervoso após as expectativas idílicas da Galileia. Como se houvesse alguma inconsistência entre ter amor pela humanidade e ter ódio pela desumanidade! Altruístas, com vozes tímidas e sem vigor, denunciam Cristo como egoísta. Egoístas, com vozes ainda mais tímidas e sem vigor, denunciam-No como altruísta. Em nossa atmosfera atual, tais críticas rasas são bastante compreensíveis. O amor de um herói é mais terrível do que o ódio de um tirano. O ódio de um herói é mais generoso do que o amor de um filantropo. Há uma enorme e heroica sanidade da qual os modernos só podem reunir os fragmentos. Há um gigante de quem vemos apenas braços e pernas decepados andando por aí. Eles rasgaram a alma de Cristo em tiras tolas, rotuladas "egoísmo" e "altruísmo", e estão igualmente perplexos por Sua magnificência insana e Sua mansidão insana. Eles repartiram Suas vestes entre si, e sobre Sua túnica lançaram sortes, embora a túnica fosse sem costura, tecida de alto a baixo.

---

17 Alusão ao episódio conhecido como "purificação do templo", em que Jesus, próximo de sua Paixão, expulsa os vendilhões do templo com um azorrague à mão e derruba suas mesas.

CAPÍTULO 4

A ÉTICA DA TERRA DAS FADAS

Quando o homem de negócios repreende o idealismo de seu office boy, geralmente o faz com um discurso mais ou menos assim: "Ah, sim, quando se é jovem, tem-se esses ideais abstratos e castelos no ar, mas, na meia-idade, todos eles se dissipam como nuvens, e passa-se a acreditar em política pragmática, a usar o maquinário de que se dispõe e a aceitar o mundo como ele é." Assim, pelo menos, homens veneráveis e filantropos, agora em suas reverenciadas sepulturas, costumavam falar comigo quando eu era menino. Mas, desde então, cresci e descobri que esses velhos filantropos estavam mentindo. O que aconteceu de verdade foi o exato oposto do que disseram que aconteceria. Disseram que eu perderia meus ideais e começaria a acreditar nos métodos dos políticos pragmáticos. Hoje, não perdi meus ideais nem um pouco; minha fé nos fundamentos é exatamente a mesma que sempre foi. O que perdi foi minha antiga fé infantil na política pragmática. Ainda me importo tanto quanto antes com a Batalha do Armagedom, mas não me importo tanto com as Eleições Gerais. Quando bebê, saltava no colo da minha mãe só de ouvir falar no assunto. Não, a visão sempre é sólida e confiável. A visão sempre é um fato. A realidade é que muitas vezes é uma fraude. Tanto quanto antes, mais do que antes, acredito no liberalismo. Mas houve o tempo cor-de-rosa da inocência em que eu acreditava nos liberais.

Tomo este exemplo de uma das crenças duradouras porque, tendo agora que traçar as raízes de minha reflexão pessoal, isso pode ser contado, creio eu, como o único viés positivo. Fui educado em um ambiente liberal e sempre acreditei na democracia, na doutrina liberal elementar de uma humanidade autônoma. Se alguém acha a frase vaga ou desgastada, só posso fazer uma pausa momentânea para explicar que o princípio da democracia, como eu o entendo, pode ser expresso em duas proposições. A primeira é esta: que as coisas comuns a todos os homens são mais importantes do que as coisas exclusivas a qualquer homem. As coisas ordinárias são mais valiosas do que as extraordinárias; aliás, são mais extraordinárias. O homem é algo mais assustador do que os homens; algo mais estranho. O senso do milagre da própria humanidade deve ser sempre mais vívido para nós do que qualquer maravilha de poder, intelecto, arte ou civilização. A mera existência do homem sobre duas pernas, por si só, deve ser sentida como algo mais comovente do que qualquer música e mais surpreendente do que qualquer caricatura. A morte é mais trágica do que a morte por fome. Ter um nariz é mais cômico do que ter um nariz normando.

Este é o primeiro princípio da democracia: que as coisas essenciais nos homens são as coisas que eles têm em comum,

A ética da terra das fadas

não as coisas que eles têm individualmente. E o segundo princípio é apenas este: que o desejo ou instinto político é uma dessas coisas que eles têm em comum. Cair de amores é mais poético do que cair na poesia. A alegação democrática é que o governo (ao ajudar a governar a tribo) equivale a cair de amores, e não a cair na poesia. Não é análogo a tocar o órgão da igreja, pintar sobre velino, descobrir o Polo Norte (esse hábito insidioso), fazer um *looping the loop*,[1] ser Astrônomo Real e assim por diante. Pois essas coisas não desejamos que um homem faça de forma alguma, a menos que as faça bem. É, pelo contrário, algo análogo a escrever as próprias cartas de amor ou assoar o próprio nariz. Queremos que um homem as faça por conta própria, mesmo que as faça mal. Não estou aqui defendendo a verdade de qualquer uma dessas concepções; sei que alguns modernos estão pedindo para que suas esposas sejam escolhidas por cientistas, e logo podem pedir, pelo que sei, para que as enfermeiras assoem o nariz deles. Eu apenas digo que a humanidade reconhece essas funções humanas universais e que a democracia inclui o governo entre elas. Em suma, a fé democrática é esta: que as coisas mais terrivelmente importantes devem ser deixadas para os homens comuns — o acasalamento dos sexos, a criação dos filhos, as leis do Estado. Isso é democracia, e nisso eu sempre acreditei.

Mas há uma coisa que nunca fui capaz de entender desde a minha juventude. Nunca fui capaz de entender de onde as pessoas tiraram a ideia de que a democracia era, de alguma forma, oposta à tradição. É óbvio que a tradição é apenas a

---

1 Pode se referir à manobra aérea em que um avião forma um círculo vertical ou ao sentido figurado disso, quando algo ou alguém repete um procedimento ou dá voltas sem sair do lugar.

democracia estendida ao longo do tempo. É confiar em um consenso de vozes humanas comuns, e não em um registro isolado ou arbitrário. O homem que cita algum historiador alemão contra a tradição da Igreja Católica, por exemplo, está apelando estritamente à aristocracia. Ele está apelando para a superioridade de um especialista contra a terrível autoridade de uma multidão. É muito fácil ver por que uma lenda é tratada, e deve ser tratada, com mais respeito do que um livro de história. A lenda geralmente é feita pela maioria das pessoas na aldeia, que são sãs. O livro geralmente é escrito pelo único homem da aldeia que está louco. Aqueles que argumentam contra a tradição alegando que os homens do passado eram ignorantes podem fazer isso no Carlton Club junto à afirmação de que os eleitores dos bairros pobres são ignorantes. Isso não é aceitável para nós. Se atribuímos grande importância à opinião de homens comuns quando ela é unânime em questões cotidianas, não há razão para desprezá-la quando lidamos com história ou fábula. A tradição pode ser definida como uma extensão dos direitos civis. Tradição significa conceder o direito de voto à mais obscura de todas as classes: nossos antepassados. É a democracia dos mortos. A tradição se recusa a se submeter à pequena e arrogante oligarquia daqueles que meramente têm o acaso de estar vivos. Todos os democratas se opõem a que os homens sejam desqualificados pela contingência do nascimento; a tradição se opõe a que sejam desqualificados pela contingência da morte. A democracia nos diz para não desprezar a opinião de um bom homem, mesmo que ele seja nosso cocheiro; a tradição nos pede para não desprezar a opinião de um bom homem, mesmo que ele seja nosso pai. Eu, pelo menos, não consigo separar as duas ideias de

A ética da terra das fadas

democracia e tradição; parece-me evidente que são a mesma ideia. Teremos os mortos em nossos conselhos. Os antigos gregos votavam usando pedras; os mortos votarão por meio de suas lápides. Tudo é bastante comum e oficial, pois a maioria das lápides, assim como a maioria das cédulas eleitorais, é marcada com uma cruz.

Primeiro, portanto, devo dizer que, se tive um viés, sempre foi um viés a favor da democracia e, portanto, da tradição. Antes de chegarmos a quaisquer começos teóricos ou lógicos, estou disposto a admitir essa equação pessoal: sempre fui mais inclinado a acreditar na massa de pessoas trabalhadoras do que nessa classe literária especial e problemática à qual pertenço. Prefiro até as suposições e crenças enraizadas das pessoas que vivenciam a vida por dentro às demonstrações mais claras das pessoas que a analisam de fora. Eu sempre confiaria mais nas fábulas das velhas senhoras do que nos fatos das solteironas. Enquanto a inteligência for instintiva, ela pode ser tão extravagante quanto quiser.

Agora, tenho que elaborar um posicionamento geral e não presumo ter capacitação em tais coisas. Proponho fazê-lo, portanto, escrevendo, uma após a outra, as três ou quatro ideias fundamentais que descobri por conta própria praticamente da maneira como as encontrei. Em seguida, eu as sintetizarei em linhas gerais, resumindo minha filosofia pessoal ou religião natural; depois, descreverei minha surpreendente descoberta de que tudo já havia sido descoberto antes. Foi descoberto pelo cristianismo. Mas, dessas profundas convicções que tenho de relatar em ordem, a mais antiga dizia respeito a esse elemento da tradição popular. E, sem a explicação anterior sobre tradição e democracia, dificilmente poderia esclarecer minha experiência mental. Do jeito que está, não sei se posso torná-la clara, mas agora me proponho a tentar. Minha primeira e última filosofia, aquela na qual acredito com certeza inabalável, aprendi no berçário. Via de regra, eu a aprendi com uma ama, ou seja, com a sacerdotisa solene e designada pelas estrelas da democracia e da tradição. Aquilo em que mais acreditava naquela época, aquilo em que mais acredito agora, é o que chamamos de contos de fadas. Parecem-me ser inteiramente razoáveis. Não são fantasias: comparadas a eles, outras coisas são fantásticas. Comparados a eles, religião e racionalismo são ambos anormais, embora a religião seja anormalmente certa e o racionalismo, anormalmente errado. A terra das fadas não é nada além do país ensolarado do senso comum. Não é a terra que julga o céu, mas o céu que julga a terra; então, para mim, pelo menos, não foi a terra que criticou o reino das fadas, mas o reino das fadas que criticou a terra. Eu conhecia o pé de feijão mágico antes de provar feijões; eu tinha certeza do homem na Lua[2] antes de ter certeza da Lua. Isso estava em sintonia com toda a tradição popular. Poetas menores modernos são naturalistas e falam sobre o arbusto ou o riacho, mas os cantores de antigos épicos e fábulas eram sobrenaturalistas e falavam sobre os deuses do riacho e do arbusto. É isso que os modernos querem dizer quando falam que os antigos não "apreciavam a Natureza" porque afirmavam que a Natureza era divina. As velhas amas não contam às crianças sobre a relva, mas sobre as fadas que dançam na relva, e

---

2 A referência ao "homem na Lua" pode remeter a *The Man in the Moone* [O homem na lua, em tradução livre], do bispo inglês Francis Godwin, publicado postumamente em 1638.

A ética da terra das fadas

os antigos gregos não viam [apenas] árvores, mas [também] as dríades. Mas aqui eu trato da ética e da filosofia que se desenvolvem ao crescermos ouvindo contos de fadas. Se os estivesse descrevendo em detalhes, eu poderia apontar muitos princípios nobres e saudáveis originados neles. Há a lição cavalheiresca de *João, o matador de gigantes*: os gigantes devem ser mortos porque são gigantes. É uma insurreição corajosa contra o orgulho em si. Pois o rebelde é mais antigo que todos os reinos, e o jacobino tem mais tradição do que o jacobita. Há a lição de *Cinderela*, que é a mesma do "Magnificat" — *exaltavit humiles*.[3] Há a grande lição de *A Bela e a Fera*: algo deve ser amado ANTES de ser amável. Há a sombria alegoria de *A bela adormecida*, que conta como o ser humano foi abençoado com todos os presentes ao nascer, porém amaldiçoado com a morte; e como a morte também pode, talvez, ser suavizada ao se tornar um estado de sono. Mas não estou preocupado com nenhum dos estatutos individuais da terra das fadas, e sim com o pleno espírito de sua lei, que aprendi antes de poder falar e conservarei quando não puder mais escrever. Estou preocupado com certa maneira de olhar a vida, que me foi conferida pelos contos de fadas, mas que, desde então, foi modestamente confirmada pelas meras evidências.

Pode-se dizer desta maneira: existem certas sequências ou desenvolvimentos (casos de uma coisa seguindo outra) que são, no verdadeiro sentido da palavra, razoáveis. Elas são, no verdadeiro sentido da palavra, necessárias. Assim

---

3 Expressão em latim que significa "Exaltou os humildes". Essa frase vem do Magnificat, um cântico bíblico atribuído à Virgem Maria no Evangelho de Lucas (1:52) (N. da E.).

são as sequências matemáticas e puramente lógicas. Nós na terra das fadas (que somos as criaturas mais razoáveis de todas) reconhecemos essa razão e essa necessidade. Por exemplo, se as Irmãs Feias são mais velhas que Cinderela, é (em um sentido irônico e terrível) NECESSÁRIO que a Cinderela seja mais jovem que as Irmãs Feias. Não há como escapar disso. Haeckel pode falar o quanto quiser de fatalismo sobre esse fato: realmente deve ser assim. Se João, o matador de gigantes, é filho de um moleiro, um moleiro é o pai de João. A razão fria decreta isso de seu trono terrível, e nós na terra das fadas submetemo-nos. Se os três irmãos cavalgaram cavalos, há seis animais e dezoito patas envolvidas; isso é racionalismo verdadeiro, e a terra das fadas está cheia dele. Mas, quando ergui minha cabeça sobre a cerca dos elfos e comecei a perceber o mundo natural, observei algo extraordinário. Observei que homens estudados de óculos falavam das coisas reais que aconteciam — a alvorada e a morte, e assim por diante — como se ELAS fossem racionais e inevitáveis. Eles falavam como se o fato de as árvores darem frutos fosse tão NECESSÁRIO quanto o fato de duas árvores mais uma árvore serem três. Mas não é. Há uma enorme diferença comprovada pelo teste da terra das fadas, que é o teste da imaginação. Não se pode IMAGINAR dois e um não sendo três. Mas é fácil imaginar árvores não produzindo frutos; pode-se imaginá-las produzindo candelabros de ouro ou tigres pendurados pela cauda. Esses homens de óculos falaram muito sobre um homem chamado Newton, que foi atingido por uma maçã e que descobriu uma lei. Mas não conseguiam ver a distinção entre uma lei verdadeira, uma lei da razão, e o mero fato de as maçãs caírem. Se a maçã atingiu o nariz de Newton, o nariz de Newton atingiu

A ética da terra das fadas

a maçã. Isso é uma necessidade legítima: porque não podemos conceber uma coisa acontecendo sem a outra. Mas podemos muito bem conceber a maçã não caindo no nariz dele; podemos imaginá-la lançando-se apaixonadamente pelo ar para atingir outro nariz, pelo qual tivesse uma antipatia mais acentuada. Sempre mantivemos em nossos contos de fadas essa distinção clara entre a ciência das relações mentais, na qual realmente existem leis, e a ciência dos fatos físicos, na qual não existem leis, mas apenas repetições estranhas. Nós acreditamos em milagres corporais, mas não em impossibilidades mentais. Acreditamos que um pé de feijão subiu ao céu, mas isso não confunde de forma alguma nossas convicções sobre a questão filosófica de quantos feijões totalizam cinco.

Esta é a peculiar perfeição de tom e verdade nos contos de fadas infantis. O homem da ciência diz "Corte o talo, e a maçã cairá", mas ele diz isso com calma, como se uma ideia de fato levasse à outra. A bruxa no conto de fadas diz "Toque a corneta, e o castelo do ogro cairá", mas ela não diz isso como se o efeito obviamente decorresse da causa. Sem dúvida, ela deu o conselho a muitos campeões e viu muitos castelos caírem, mas não perdeu nem seu fascínio nem sua razão. Ela não perturba a cabeça até conceber uma conexão mental necessária entre uma corneta e uma torre caindo. Mas os homens de ciência realmente perturbam as próprias cabeças até conceberem uma conexão mental necessária entre uma maçã caindo da árvore e uma maçã chegando ao chão. Eles realmente falam como se tivessem encontrado não apenas um conjunto de fatos maravilhosos, mas uma verdade conectando esses fatos. Falam como se a conexão física entre duas coisas estranhas fosse também uma conexão filosófica.

Ortodoxia

Eles sentem que, como uma coisa incompreensível segue de maneira constante outra coisa incompreensível, as duas juntas de alguma forma compõem uma coisa compreensível. Dois enigmas obscuros geram uma resposta clara. Na terra das fadas, evitamos a palavra "lei", mas, na terra da ciência, os cientistas são especialmente apaixonados por ela. Assim, chamam Lei de Grimm uma conjectura interessante sobre como povos esquecidos pronunciavam o alfabeto. Mas a Lei de Grimm é muito menos intelectual do que os *Contos de Grimm*. Os contos, pelo menos, não passam de contos, enquanto a lei não é uma lei. Uma lei implica conhecer a natureza da generalidade dos casos e do campo de aplicação, não apenas que notamos alguns dos seus efeitos. Se há uma lei determinando que os batedores de carteira devem ir para a prisão, isso implica uma conexão mental concebível entre a ideia de prisão e a ideia de furtar carteiras. E sabemos qual é a ideia. Conseguimos explicar por que tiramos a liberdade de um homem que tira liberdades. Mas não conseguimos explicar por que um ovo pode se transformar em um pintinho, nem por que um urso poderia se transformar em um príncipe encantado. Como IDEIAS, o ovo e o pintinho estão mais distantes um do outro do que o urso e o príncipe, pois nenhum ovo, por si só, sugere um pintinho, enquanto alguns príncipes sugerem ursos. Se aceitarmos, então, que certas transformações realmente acontecem, é essencial que as consideremos de maneira filosófica, como os contos de fadas, não de maneira não filosófica, como a ciência e as "Leis da Natureza". Quando nos perguntam por que os ovos se transformam em pássaros ou os frutos caem no outono, devemos responder exatamente como a fada-madrinha responderia se a Cinderela lhe

A ética da terra das fadas

perguntasse por que os ratos se transformaram em cavalos ou suas roupas se desfizeram à meia-noite. Devemos responder que é MAGIA. Não é uma "lei", pois não compreendemos sua fórmula geral. Não é uma necessidade, pois, embora seja praticamente certo que aconteça, não temos o direito de afirmar que sempre vai acontecer. Confiar no curso ordinário das coisas não é um argumento para uma lei imutável (como Huxley imaginava). Não contamos com isso; apostamos nisso. Aventuramo-nos na possibilidade remota de um milagre assim como na possibilidade de uma panqueca envenenada ou de um cometa destruidor de mundos. Desconsideramos não porque seja um milagre e, portanto, uma impossibilidade, mas porque é um milagre e, portanto, uma exceção. Todos os termos usados nos livros de ciência — "lei", "necessidade", "ordem", "tendência" e assim por diante — não significam absolutamente nada para o intelecto, pois pressupõem uma síntese interior que não possuímos. As únicas palavras que já me satisfizeram ao descrever a Natureza são os termos usados nos livros de fadas: "encanto", "feitiço", "magia". Eles expressam a arbitrariedade do fato e seu mistério. Uma árvore dá frutos porque é uma árvore MÁGICA. A água desce a colina porque é encantada. O Sol brilha porque é encantado.

    Eu rejeito completamente que isso seja fantástico ou até místico. Podemos vir a ter algum misticismo mais adiante, mas essa linguagem dos contos de fadas sobre as coisas é apenas racional e agnóstica. É a única maneira como posso expressar em palavras minha percepção clara e definida de que uma coisa é totalmente distinta de outra, de que não há conexão lógica entre voar e pôr ovos. Místico é o homem que fala sobre "uma lei" que nunca viu. Na verdade,

Ortodoxia

o homem de ciência comum é um sentimentalista estrito. Ele é um sentimentalista nesse sentido essencial, de que está embebido em meras associações e arrebatado por elas. Ele viu tantas vezes os pássaros voarem e porem ovos que sente como se devesse haver alguma conexão fantasiosa e delicada entre as duas ideias, embora não haja nenhuma. Um amante solitário pode ser incapaz de dissociar Lua e amor perdido, assim como o materialista é incapaz de dissociar Lua e maré. Em ambos os casos, não há conexão, exceto pelo fato de que alguém os viu juntos. Um sentimentalista poderia derramar lágrimas diante do aroma de flores de macieira porque, por uma associação pessoal obscura, isso o fez recordar a infância. Assim, o professor materialista (embora esconda suas lágrimas) ainda é um sentimentalista, pois, por uma associação pessoal obscura, as flores de macieira o fazem se lembrar de maçãs. Mas o racionalista frio da terra das fadas não vê por que, em teoria, a macieira não deveria dar tulipas carmesim; às vezes é isso que ela faz em seu país.

Esse maravilhamento essencial, no entanto, não é uma mera fantasia derivada dos contos de fadas; pelo contrário, todo o encanto dos contos de fadas deriva dele. Assim como todos gostamos de histórias de amor por causa de um instinto sexual, todos gostamos de histórias fantásticas porque elas tocam o ponto nevrálgico do antigo instinto de maravilhamento. Isso é comprovado pelo fato de que, quando somos muito jovens, não precisamos de contos de fadas: precisamos apenas de contos. A vida por si só já é interessante o bastante. Uma criança de sete anos fica animada ao saber que Tommy abriu uma porta e viu um dragão. Mas uma criança de três anos fica animada ao saber que Tommy abriu uma porta. As crianças gostam de contos de aventuras, mas as bem pequenas gostam de contos realistas — porque os consideram aventurescos. Na verdade, uma criancinha é praticamente a única pessoa, diria eu, para quem uma narrativa de ficção realista moderna poderia ser lida sem gerar tédio. O que prova que até mesmo os contos infantis apenas ecoam um impulso de curiosidade e fascinação quase inato. Esses contos dizem que as maçãs eram douradas apenas para refrescar o momento esquecido em que descobrimos que eram verdes. Eles fazem os rios correrem com vinho apenas para nos fazer lembrar, por um instante arrebatador, que correm com água. Eu afirmei que isso é totalmente razoável e até agnóstico.[4] E, de fato, nesse ponto, sou totalmente a favor do agnosticismo superior; seu melhor nome é Ignorância. Todos nós lemos em obras científicas e, na verdade, em diversos tipos de romances a história do homem que esqueceu o próprio nome. Esse homem anda pelas ruas e consegue ver e apreciar tudo; apenas não consegue lembrar quem é. Bem, todo homem é esse homem da história. Todo homem esqueceu quem é. Pode-se entender o cosmos, mas nunca o ego; o eu é mais distante do que qualquer estrela. Amarás ao Senhor teu Deus, mas não conhecerás a ti mesmo. Estamos todos sob a mesma calamidade mental; todos esquecemos nossos nomes. Todos esquecemos o que realmente somos. Tudo o que chamamos de senso comum, racionalidade, praticidade e positivismo significa apenas que, em determinados estágios inertes de nossa vida, esquecemos que esquecemos. Tudo o que chamamos de espírito e

---

4 Quando Chesterton descreve esses contos como *agnósticos*, ele se refere à ideia de que não pretendem oferecer uma explicação última, metafísica ou religiosa para o mundo. Em vez disso, eles simplesmente apresentam maravilhas e mistérios sem afirmar verdades absolutas sobre a realidade.

arte e êxtase significa apenas que, por um terrível instante, nos lembramos de que esquecemos.

Contudo, embora (como o homem sem memória no romance) andemos pelas ruas com uma espécie de admiração meio atordoada, ainda assim se trata de admiração. É admiração em língua moderna e não apenas admiração em latim. O espanto tem um elemento positivo de louvor. Esse é o próximo marco a ser assinalado com precisão em nosso caminho pela terra das fadas. Falarei, no próximo capítulo, sobre otimistas e pessimistas em seu aspecto intelectual, na medida em que tenham um. Aqui, estou apenas tentando descrever as enormes emoções indescritíveis. E a emoção mais forte era a vida ser tão preciosa quanto intrigante. Era um êxtase por ser uma aventura; era uma aventura por ser uma oportunidade. A beleza do conto de fadas não era afetada pela possibilidade de haver mais dragões do que princesas; era bom estar em um conto de fadas. O teste de toda felicidade é a gratidão, e me senti grato, embora mal soubesse a quem. As crianças ficam gratas quando Papai Noel as presenteia pondo brinquedos ou doces em suas meias [de Natal]. Eu não poderia ser grato a Papai Noel quando ele colocou em minhas meias o presente de duas pernas milagrosas? Agradecemos às pessoas por presentes de aniversário como charutos e chinelos. Não posso agradecer a ninguém pelo presente de aniversário que é o nascimento?

Havia, então, esses dois primeiros sentimentos indefensáveis e indiscutíveis. O mundo era um choque, mas não era apenas chocante; a existência era uma surpresa, mas era uma surpresa agradável. Na verdade, todos os meus primeiros pontos de vista foram exatamente expressos em um enigma que ficou na minha cabeça desde a infância. A

A ética da terra das fadas

questão era "O que disse o primeiro sapo?", e a resposta era: "Senhor, como tu me fizeste pular!" Isso resume tudo o que estou dizendo. Deus fez o sapo pular, mas o sapo prefere pular. Mas, quando essas coisas estão resolvidas, entra o segundo grande princípio da filosofia das fadas. Qualquer um pode percebê-lo, basta ler os *Contos de fada dos irmãos Grimm* ou as belas coleções do sr. Andrew Lang.[5] Pelo prazer da pedanteria, vou chamá-lo de Doutrina da Alegria Condicional. Touchstone falou de muita virtude em um "se"; de acordo com a ética élfica, toda virtude está em um "se". A característica da fala das fadas sempre é: "Você pode viver em um palácio de ouro e safira se não disser a palavra 'vaca'"; ou "Você pode viver feliz com a filha do rei se não mostrar a ela uma cebola". A fantasia sempre depende de um veto. Todas as concessões vertiginosas e colossais dependem de uma coisa pequena retida. Todas as coisas insanas e giratórias que são soltas dependem de uma proibição. O sr. W.B. Yeats, em sua poesia élfica requintada e penetrante, descreve os elfos como sem leis; eles mergulham em anarquia inocente nos cavalos desenfreados do ar:

> Cavalgam na crista da maré desordenada, e dançam
> nas montanhas como uma chama.[6]

É terrível que o sr. W.B. Yeats não entenda a terra das fadas. Mas isso eu afirmo. Ele é um irlandês irônico, cheio de reações intelectuais. Ele não é estúpido o suficiente para

---

5 Andrew Lang foi um escritor, poeta, historiador e folclorista escocês, mais conhecido por sua coleção de contos de fadas chamada "Os livros das fadas".
6 A citação é da peça de Yeats chamada *The Land of Heart's Desire* [A terra do desejo do coração, em tradução livre] (1894).

entender a terra das fadas. As fadas preferem pessoas do tipo rústico como eu, pessoas que olham boquiabertas, sorriem e fazem o que lhes é dito. O sr. Yeats enxerga na terra das fadas toda a justa insurreição de sua própria raça. Mas a anarquia da Irlanda é uma anarquia cristã, fundada na razão e na justiça. O feniano[7] está se rebelando contra algo que entende bem demais; porém, o verdadeiro cidadão da terra das fadas está obedecendo a algo que não entende de forma alguma. No conto de fadas, uma felicidade incompreensível repousa sobre uma condição incompreensível. Uma caixa é aberta, e todos os males voam para fora. Uma palavra é esquecida, e cidades perecem. Uma lâmpada é acesa, e o amor voa para longe. Uma flor é colhida, e vidas humanas são perdidas. Uma maçã é comida, e a esperança de Deus se vai.

Esse é o tom dos contos de fadas, e certamente não é ausência de leis ou mesmo liberdade, embora homens sob uma mesquinha tirania moderna possam pensar que, em comparação, isso signifique liberdade. Pessoas fora da Prisão de Portland podem pensar que a Fleet Street[8] é livre, mas uma análise mais detalhada comprovará que tanto as fadas quanto os jornalistas são escravos do dever. Fadas-madrinhas parecem pelo menos tão rigorosas quanto outras madrinhas. A Cinderela recebeu uma carruagem do País das Maravilhas

---

7 "Feniano" refere-se ao membro de um movimento revolucionário irlandês do século XIX conhecido como o "movimento feniano". Os fenianos receberam esse nome em alusão aos *Fianna*, lendários guerreiros irlandeses da mitologia celta, simbolizando a luta e o heroísmo na defesa da Irlanda.
8 A Prisão de Portland era uma prisão britânica localizada na ilha de mesmo nome, construída em 1848 para abrigar prisioneiros que desempenhavam trabalhos forçados na extração de pedra. Já a Fleet Street é uma famosa rua no centro de Londres, historicamente associada à imprensa britânica.

e um cocheiro do nada, mas recebeu a ordem — que poderia ter vindo de Brixton — de que deveria estar de volta à meia-noite. Além disso, ela tinha um sapato de vidro, e não pode ser coincidência que o vidro seja uma substância tão comum nas lendas populares. Esta princesa vive em um castelo de vidro; aquela princesa, em uma colina de vidro; esta vê todas as coisas em um espelho; todas elas podem viver em casas de vidro, desde que não joguem pedras. Pois esse brilho fino de vidro em todos os lugares é a expressão do fato de que a felicidade é brilhante, mas frágil, como a substância mais quebradiça por uma criada ou um gato. E esse sentimento de conto de fadas também se enraizou em mim e se tornou meu sentimento em relação ao mundo inteiro. Senti e sinto que a própria vida é tão brilhante quanto o diamante, mas tão frágil quanto a vidraça; e, quando os céus foram comparados ao terrível cristal,[9] lembro-me de um arrepio. Tive medo de que Deus precipitasse o cosmos ao som de um estrondo.

Lembre-se, porém, de que ser quebrável não é o mesmo que ser perecível. Bata em um copo, e ele não suportará um instante; simplesmente não o quebre, e ele durará mil anos. Assim, ao que parecia, era a alegria do homem tanto no reino das fadas quanto na terra; a felicidade dependia de NÃO FAZER ALGO que se poderia fazer a qualquer momento e que, muitas vezes, não era óbvio por que não se deveria fazê-lo. Agora, o ponto aqui é que PARA MIM isso não parecia injusto. Se o terceiro filho do moleiro dissesse à fada "Explique por que eu não devo ficar de cabeça para baixo no palácio das fadas", a fada teria razão

---

9 Alusão a Ezequiel 1:22.

em responder: "Bem, se é por isso, explique o palácio das fadas." Se a Cinderela disser "Por que é que devo sair do baile à meia-noite?", sua madrinha poderia responder: "Por que é que você pode ficar lá até a meia-noite?" Se eu deixar a um homem, em meu testamento, dez elefantes falantes e cem cavalos alados, ele não poderá reclamar se as condições tiverem um leve toque de excentricidade, assim como o presente. De cavalo alado não se olham os dentes. E parecia-me que a própria existência era ela mesma um legado tão excêntrico que eu não podia reclamar de não entender as limitações da fantasia quando não entendia a fantasia que elas limitavam. A moldura não era mais estranha do que a imagem. O veto poderia muito bem ser tão desvairado quanto a fantasia; poderia ser tão surpreendente quanto o Sol, tão evasivo quanto as águas, tão fantástico e terrível quanto as árvores imponentes.

Por essa razão (podemos chamá-la de filosofia da fada-madrinha), eu nunca compartilhei do sentimento geral de REVOLTA que era comum entre os jovens da minha geração. Eu deveria ter resistido, assim esperamos, a todas as regras que eram más; com essas e sua definição lidarei em outro capítulo. Mas não me senti disposto a resistir a qualquer regra apenas porque era misteriosa. Propriedades às vezes são mantidas por rituais tolos, como quebrar um galho ou pagar um grão de pimenta; eu estava disposto a manter a vasta propriedade da terra e do céu por qualquer dessas fantasias feudais. Não poderia ser mais absurdo do que o fato de eu poder mantê-la. Nesta etapa, dou apenas um exemplo ético para mostrar meu ponto de vista. Nunca consegui me misturar ao murmúrio comum daquela geração em ascensão contra a monogamia porque nenhuma restrição

A ética da terra das fadas

ao sexo parecia tão estranha e inesperada quanto o próprio sexo. Ter a permissão, como Endymion, de amar a Lua e depois queixar-se de que Júpiter mantinha suas próprias luas em um harém parecia-me (a mim, educado por meio de contos de fadas como os de Endymion) um anticlímax vulgar. Manter-me fiel a uma mulher é um pequeno preço a pagar por simplesmente ver uma mulher. Reclamar que só posso me casar uma vez era como reclamar que só havia nascido uma vez. Era desproporcional à terrível emoção da qual se estava falando. Mostrava não uma sensibilidade exagerada ao sexo, mas uma curiosa insensibilidade a ele. Um homem é tolo se reclama que não pode entrar no Éden por cinco portões ao mesmo tempo. Poligamia é falta de realização do sexo; é como um homem colhendo cinco peras simplesmente por falta de foco. Os estetas tocaram os limites insanos da linguagem em seus elogios às coisas belas. A penugem do cardo os fez chorar; um besouro brilhante os colocou de joelhos. No entanto, sua emoção nunca me impressionou, nem por um instante, por esta razão: nunca lhes ocorreu pagar por seu prazer com qualquer tipo de sacrifício simbólico. Os homens (senti) poderiam jejuar quarenta dias pelo prazer de ouvir um melro cantar. Os homens poderiam passar pelo fogo para encontrar uma prímula. No entanto, esses amantes da beleza não conseguiam nem mesmo se manter sóbrios pelo melro. Eles não passariam pelo casamento cristão comum como forma de retribuição pela prímula. Certamente, pode-se pagar por uma alegria extraordinária com uma moralidade ordinária. Oscar Wilde disse que os crepúsculos não eram valorizados porque não podíamos pagar por eles. Mas Oscar Wilde estava errado; podemos pagar pelos crepúsculos. Podemos pagar por eles não sendo Oscar Wilde.

Ortodoxia

Bem, larguei os contos de fadas no chão do quarto infantil e não encontrei livros tão sensatos desde então. Dispensei a ama como guardiã da tradição e da democracia e não encontrei nenhum tipo moderno tão sensatamente radical ou tão sensatamente conservador. Mas o ponto relevante e digno de nota era este: quando saí pela primeira vez para a atmosfera mental do mundo moderno, descobri que o mundo moderno se opunha positivamente em dois pontos à minha ama e aos contos da infância. Demorei muito para descobrir que o mundo moderno está errado e que minha ama estava certa. O curioso de fato era isto: que o pensamento moderno contradizia esse credo básico de minha infância em suas duas doutrinas mais essenciais. Expliquei que os contos de fadas enraizaram em mim duas convicções: primeiro, que este mundo é um lugar insano e espantoso, que poderia ter sido completamente diferente, mas que é completamente encantador; segundo, que, diante dessa insanidade e encanto, pode-se muito bem ser modesto e submeter-se às mais estranhas limitações de uma gentileza tão peculiar. Mas encontrei o mundo moderno avançando inteiramente como uma maré alta contra ambos meus afetos, e o choque dessa colisão criou dois sentimentos súbitos e espontâneos, que tive desde então e que, por mais rudimentares que fossem, se cristalizaram em convicções.

Primeiro, encontrei todo o mundo moderno falando de fatalismo científico, dizendo que tudo é como sempre deve ter sido, desdobrando-se sem falhas desde o início. A folha na árvore é verde porque nunca poderia ter sido outra coisa. Ora, o filósofo dos contos de fadas fica feliz que a folha seja verde precisamente porque poderia ter sido escarlate. Ele sente como se tivesse ficado verde um instante antes de

A ética da terra das fadas

ele olhar para ela. Ele fica feliz que a neve seja branca com o argumento estritamente razoável de que poderia ter sido preta. Cada cor tem em si uma qualidade ousada de escolha; o vermelho das rosas do jardim não é apenas resoluto, mas dramático, como sangue derramado de repente. Ele sente que algo FOI FEITO. Mas os grandes deterministas do século XIX eram ferrenhamente contrários a esse sentimento natural de que algo havia acontecido um segundo antes. Na verdade, segundo eles, nada havia acontecido de verdade desde o início do mundo. Nada jamais havia acontecido desde que a existência havia acontecido, e, mesmo quanto à data desse fato, eles não tinham muita certeza.

O mundo moderno como o encontrei estava solidamente a favor do calvinismo moderno pela necessidade de as coisas serem como são. Mas, quando fui perguntar a eles, descobri que, na verdade, não tinham prova dessa repetição inevitável nas coisas, exceto o fato de que as coisas foram repetidas. Ora, a mera repetição tornava as coisas, para mim, mais estranhas do que mais racionais. Era como se, tendo visto um nariz de formato curioso na rua e descartado como um acidente, eu tivesse visto então seis outros narizes do mesmo formato surpreendente. Eu teria imaginado por um momento que deveria ser alguma sociedade secreta local. Então, um elefante ter uma tromba era estranho, mas todos os elefantes terem trombas parecia uma conspiração. Falo aqui apenas de uma sensação, e de uma sensação ao mesmo tempo teimosa e sutil. Mas a repetição na Natureza parecia às vezes ser uma repetição enfática, como a de um professor irritado dizendo a mesma coisa várias vezes. A grama parecia gesticular para mim com todos os dedos ao mesmo tempo; as estrelas aglomeradas pareciam empenhadas em ser compreendidas. O Sol faria com que eu o notasse se nascesse mil vezes. As recorrências do universo subiam ao ritmo enlouquecedor de um encantamento, e comecei a vislumbrar uma ideia.

Todo o materialismo imponente que domina a mente moderna repousa, em última análise, sobre uma suposição, uma suposição falsa. Supõe-se que, se uma coisa continua se repetindo, provavelmente está morta; uma engrenagem de relógio. As pessoas sentem que, se o universo fosse pessoal, variaria; se o Sol estivesse vivo, dançaria. Isso é uma falácia, mesmo em relação aos fatos conhecidos. Pois a variação nos assuntos humanos é geralmente introduzida não pela vida, mas pela morte, pelo esgotamento ou interrupção de sua força ou desejo. Um homem varia seus movimentos por algum leve elemento de falha ou fadiga. Ele entra em um ônibus porque está cansado de andar, ou anda porque está cansado de ficar parado. Mas, se sua vida e alegria fossem tão gigantescas a ponto de nunca se cansar de ir a Islington, ele poderia ir a Islington com tanta regularidade quanto o Tâmisa vai a Sheerness. A própria velocidade e êxtase de sua vida teriam a quietude da morte. O Sol nasce todas as manhãs. Eu não me levanto todas as manhãs; porém, a variação se deve não à minha ação, mas à minha inação. Agora, para colocar o assunto em uma frase popular, pode ser verdade que o Sol nasce regularmente porque nunca se cansa de nascer. Sua rotina pode se dever não à falta de vida, mas a um impulso de vida. O que quero dizer pode ser visto, por exemplo, nas crianças quando encontram especial prazer em algum jogo ou piada. Uma criança chuta as pernas ritmicamente por excesso, não ausência, de vida. Porque as crianças têm vitalidade abundante, porque possuem um espírito impetuoso e livre, querem que as coisas sejam repetidas e inalteradas. Eles sempre dizem: "De novo!"; e o adulto repete até quase à exaustão. Pois os adultos não são fortes o suficiente para exultar na monotonia. Mas talvez Deus seja forte o suficiente para exultar na monotonia. É possível que Deus diga todas as manhãs ao Sol "De novo!" e todas as noites à Lua "De novo!". Pode não ser a necessidade automática que faz todas as margaridas serem iguais; pode ser que Deus faça cada margarida separadamente, mas nunca se cansa de fazê-las. Pode ser que ele tenha o apetite eterno da infância; pois nós pecamos e envelhecemos, e nosso Pai é mais jovem do que nós. A repetição na Natureza pode não ser uma mera recorrência; pode ser um ENCORE teatral. O céu pode pedir ao pássaro que pôs um ovo para repetir a ação. Se o ser humano concebe e dá à luz uma criança humana em vez de dar à luz um peixe, ou um morcego, ou um grifo, a razão pode não ser que estamos presos em um destino animal sem vida ou propósito. Pode ser que nossa pequena tragédia tenha tocado os deuses, que a admiram de suas galerias estreladas, e que, no final de cada drama humano, o homem seja chamado repetidamente à frente da cortina. A repetição pode continuar por milhões de anos, por mera escolha, e a qualquer momento pode parar. O homem pode estar na terra geração após geração, e ainda assim cada nascimento ser sua aparição final e definitiva.

    Essa foi minha primeira convicção, formada pelo choque das minhas emoções infantis indo de encontro ao credo moderno em pleno andamento. Sempre senti vagamente que os fatos eram milagres no sentido de serem maravilhosos: agora comecei a pensar que talvez envolvessem magia no sentido mais estrito de serem INTENCIONAIS. Quero dizer que eram, ou poderiam ser, exercícios repetidos de alguma vontade. Em suma, sempre acreditei que o mundo envolvia magia: agora pensava que talvez envolvesse um mágico. E isso apontava para uma emoção profunda sempre presente e subconsciente: que este nosso mundo tem algum propósito; e, se há um propósito, há uma pessoa. Sempre senti a vida primeiramente como uma história: e, se há uma história, há um contador de histórias.

Mas o pensamento moderno também atingiu minha segunda tradição humana. Foi de encontro ao sentimento do conto de fadas sobre limites e condições estritas. A única coisa de que gostava de falar era expansão e grandeza. Herbert Spencer, filósofo e sociólogo inglês, teria ficado muito aborrecido se alguém o chamasse de imperialista e, portanto, é altamente lamentável que ninguém o tenha feito. Mas ele era um imperialista do tipo mais baixo. Ele popularizou essa noção desprezível de que o tamanho do sistema solar deveria intimidar o dogma espiritual do homem. Por que um homem deve entregar sua dignidade ao sistema solar mais do que a uma baleia? Se o mero tamanho prova que o homem não é a imagem de Deus, então uma baleia pode ser a imagem de Deus; uma imagem um tanto informe; o que se poderia chamar de um retrato impressionista. É totalmente inútil argumentar que o homem é pequeno em comparação com o cosmos, pois o homem sempre foi pequeno em comparação com a árvore mais próxima. Mas Herbert Spencer, em seu imperialismo desenfreado, insistia que, de alguma forma, fôramos conquistados e anexados pelo universo astronômico. Ele falava sobre os homens e seus ideais

A ética da terra das fadas

exatamente como o unionista[10] mais insolente fala sobre os irlandeses e seus ideais. Ele transformou a humanidade em uma pequena nacionalidade. E sua influência maligna pode ser vista mesmo nos mais espirituosos e honrados autores científicos posteriores; em especial, nos primeiros romances do sr. H.G. Wells. Muitos moralistas representaram de forma exagerada a terra como ímpia. Mas o sr. Wells e sua escola fizeram os céus ímpios. Deveríamos levantar os olhos para as estrelas, de onde viria nossa ruína.[11] Mas a expansão de que falo era muito mais maligna do que tudo isso. Observei que o materialista, como o louco, está na prisão, na prisão de um único pensamento. Essas pessoas pareciam achar de uma singularidade inspiradora continuar dizendo que a prisão era muito grande. O tamanho deste universo científico não trazia novidade, nenhum alívio. O cosmos se estendia infinitamente, mas nem em sua mais ousada constelação poderia haver algo de fato interessante; algo, por exemplo, como perdão ou livre-arbítrio. A grandiosidade ou infinitude do segredo de seu cosmos não acrescentava nada a ele. Era como dizer a um prisioneiro de Reading[12] que ele ficaria feliz em saber que a prisão agora cobria metade do condado. O carcereiro não teria nada para mostrar ao homem, exceto cada vez mais corredores

---

10 Um unionista é alguém que apoia a manutenção da união política entre a Irlanda do Norte e o Reino Unido (Inglaterra, Escócia e País de Gales). Os unionistas se opõem aos nacionalistas irlandeses, que defendem a reunificação da Irlanda. Chesterton, irlandês, tinha simpatia pelos separatistas.
11 Inversão irônica e paródia do Salmo 121:1.
12 Refere-se à infame Prisão de Reading, construída com um modelo que permitia a vigilância constante dos prisioneiros, que frequentemente eram submetidos a trabalhos forçados.

de pedra longos e iluminados por luzes fantasmagóricas, vazios de tudo o que é humano. Assim, esses expansores do universo não tinham nada para nos mostrar, exceto corredores cada vez mais infinitos de espaço iluminados por sóis fantasmagóricos e vazios de tudo o que é divino.

Na terra das fadas, havia uma lei verdadeira; uma lei que poderia ser quebrada, pois a definição de lei é algo que pode ser quebrado. Mas a engrenagem dessa prisão cósmica era algo que não poderia ser quebrado, pois nós mesmos éramos apenas uma parte de sua engrenagem. Ou éramos incapazes de fazer as coisas ou estávamos destinados a fazê-las. A ideia de uma condição mística desapareceu por completo; não se podia sequer ter a firmeza de cumprir leis nem a diversão de quebrá-las. A grandiosidade deste universo não tinha nada daquele frescor e sopro libertador que temos elogiado no universo do poeta. Este universo moderno é literalmente um império; ou seja, era vasto, mas não é livre.

Entrava-se em salas cada vez maiores e sem janelas, salas grandes com perspectiva babilônica, mas nunca se encontrava a menor janela ou um murmúrio de uma lufada alheio ao ambiente.

Suas linhas infernais pareciam se expandir com a distância; mas, para mim, todas as coisas boas convergem para um ponto: espadas, por exemplo. Assim, achando a vanglória do grande cosmos tão insatisfatória para minhas emoções, comecei a questionar tudo isso um pouco e logo descobri que toda essa atitude era ainda mais superficial do que se poderia esperar. De acordo com essas pessoas, o cosmos era uma única coisa, pois tinha uma única regra ininterrupta. Apenas (eles diriam) enquanto é uma coisa, também é a única coisa que existe. Então, por que alguém deveria se preocupar particularmente em chamá-lo de grande? Não há nada com que comparar-lo. Seria igualmente sensato chamá-lo de pequeno. Um homem pode dizer: "Gosto deste vasto cosmos com sua multidão de estrelas e uma provisão tamanha de seres vivos." Mas, se for o caso, por que um homem não poderia dizer "Gosto deste pequeno e aconchegante cosmos com um número razoável de estrelas e uma disposição tão bem arranjada de seres vivos quanto eu gostaria de ver"? Uma coisa é tão boa quanto a outra; ambas são meros sentimentos. É puro sentimento regozijar-se de que o Sol seja maior que a Terra; é um sentimento igualmente são regozijar-se de que o Sol não seja maior do que é. Um homem escolhe ter uma emoção sobre a grandiosidade do mundo; por que não escolher ter uma emoção sobre sua pequenez?

Ocorreu que experimentei essa emoção. Quando gostamos de algo, referimo-nos a esse algo com diminutivos, mesmo que seja um elefante ou um cavaleiro da Guarda Real. A razão é que tudo o que possa ser concebido como extenso, ainda que seja enorme, também pode ser concebido como pequeno. Se os bigodes militares não sugerissem uma espada ou as presas uma cauda, então o objeto seria vasto porque seria imensurável. Mas, no momento em que é possível imaginar um cavaleiro da Guarda Real, é possível imaginar um pequeno cavaleiro da Guarda Real. No momento em que realmente se vê um elefante, pode-se chamá-lo de "Minúsculo". Se é possível fazer uma estátua, é possível fazer uma estatueta da mesma coisa. Essas pessoas professavam que o universo era coerente, mas não gostavam do universo. No entanto, eu tinha uma afeição inabitual pelo universo e queria tratá-lo com um diminutivo. Muitas vezes o fazia; e ele nunca pareceu se importar. Em verdade e de fato, senti que esses vagos dogmas vitais limitantes eram mais bem expressos quando chamávamos o mundo de pequeno do que quando o chamávamos de grande. Pois, sobre o infinito, havia uma espécie de negligência que era o oposto do zelo feroz e devotado que eu sentia em relação ao valor inestimável e à vulnerabilidade da vida. Eles mostravam apenas um deserto desolador, mas senti uma espécie de parcimônia sagrada. Pois a economia é muito mais poética do que a extravagância. Para eles, as estrelas eram um provento interminável de moedas insignificantes; mas eu sentia em relação ao Sol dourado e à Lua prateada o que um colegial sente se tiver uma libra soberana e um xelim. Essas convicções subconscientes são mais bem expressas pela vivacidade e pelo tom de certos contos. Assim, eu disse que apenas histórias de magia podem expressar meu sentimento de que a vida não é somente um prazer, mas uma espécie de privilégio excêntrico. Posso expressar esse outro sentimento de aconchego cósmico aludindo a outro livro sempre lido na infância, *Robinson Crusoé*, que li por essa época e deve sua vivacidade eterna ao fato de que celebra a poesia dos limites ou, mais ainda, a aventura indomada da prudência. Crusoé é um homem em uma pequena rocha com alguns itens que acabou de retirar do mar: a melhor coisa do livro é simplesmente a lista de coisas salvas do naufrágio. O maior dos poemas é um inventário. Cada ferramenta de cozinha se torna ideal porque Crusoé poderia tê-la deixado cair no mar. É um bom exercício, nas horas ociosas ou tediosas do dia, olhar para qualquer coisa, o carvoeiro ou a estante de livros, e pensar como ficaríamos felizes se tivéssemos conseguido salvar esses objetos de um navio naufragando para levá-los à ilha deserta. No entanto, um exercício ainda mais

A ética da terra das fadas

proveitoso é lembrar que todas as coisas escaparam por um triz: tudo foi salvo de um naufrágio. Todo homem passou por uma terrível aventura: esteve à beira de nunca ter nascido, como um bebê que nunca viu a luz.[13] Muito se falava, na minha infância, de homens geniais, mas restritos ou arruinados, e era comum dizer que muitos homens eram um Grande Poderia-Ter-Sido. Para mim, é um fato mais concreto e impressionante que qualquer homem na rua é um Grande Poderia-Não-Ter-Sido.

Mas realmente senti (a fantasia pode parecer tola) que toda a ordem e número das coisas eram o fragmento poético do navio de Crusoé. Que haja dois sexos e um Sol era como o fato de haver duas armas de fogo e um machado. Era urgentemente necessário que nenhum fosse perdido; porém, de alguma forma, era meio divertido que nada pudesse ser acrescentado. As árvores e os planetas pareciam coisas salvas do naufrágio: e, quando vi o Matterhorn,[14] fiquei feliz por não ter sido esquecido na confusão. Senti parcimônia em relação às estrelas, como se fossem safiras (são chamadas assim no Éden de Milton): eu preservava as colinas. Pois o universo é uma joia única, e, embora seja um clichê chamar uma joia de incomparável e inestimável, essa é verdade literal no caso dessa joia. Este cosmos é, de fato, sem par e sem preço: não pode haver outro igual.

Assim termina, com uma inevitável insuficiência, a tentativa de expressar o inexprimível. Essas são minhas convicções definitivas em relação à vida; os solos para as sementes da doutrina. Essas coisas, de alguma forma obscura, eu

---

13 Provável alusão a Jó 3:16.
14 Refere-se à montanha mais conhecida dos Alpes, na fronteira entre Itália e Suíça.

pensei antes de poder escrever e senti antes de poder pensar: para que possamos prosseguir com mais facilidade depois, vou recapitular de maneira simples agora. Senti em meus ossos: primeiro, que este mundo não se explica. Pode ser um milagre com uma explicação sobrenatural; pode ser um truque de mágica com uma explicação natural. Mas a explicação do truque de mágica, se é para me satisfazer, terá que ser melhor do que as explicações naturais que ouvi. A coisa é mágica, verdadeira ou falsa. Em segundo lugar, passei a sentir que a mágica devia ter um significado, e o significado devia ter alguém para significá-lo. Havia algo pessoal no mundo, como em uma obra de arte; o que quer que significasse, tinha um significado profundo. Terceiro, achei esse propósito bonito em seu velho enredo, apesar de seus defeitos, como os dragões. Quarto, que a forma adequada de agradecimento por isso é alguma espécie de humildade e moderação: devemos agradecer a Deus pela cerveja e pelo Borgonha não bebendo demais deles. Devemos, também, uma obediência a quem quer que nos tenha criado. E, por último, e mais estranho, surgiu em minha mente uma vaga e grandiosa impressão de que, de alguma forma, todo bem era um resquício de alguma ruína primordial a ser salvo e considerado sagrado. O homem salvara seu bem como Crusoé salvara seus bens: ele os salvou de um naufrágio. Tudo isso eu senti, e a época não me encorajou a senti-lo. E, durante todo esse tempo, eu nem sequer tinha pensado na teologia cristã.

CAPÍTULO 5

A BANDEIRA DO MUNDO

Quando eu era menino, havia dois homens curiosos vagando por aí, chamados de o otimista e o pessimista. Eu usava essas palavras constantemente, mas admito de bom grado que nunca tive uma ideia muito clara do que significavam. A única coisa que poderia ser considerada evidente era que não poderiam significar exatamente o que diziam, pois a explicação convencional era que o otimista pensava que este mundo era tão bom quanto poderia ser, enquanto o pessimista pensava que era tão ruim quanto poderia ser. Sendo essas duas afirmações obviamente absurdas, era necessário buscar outras explicações. Um otimista não poderia ser um homem que achava que tudo estava certo e nada estava errado, pois isso é sem sentido; é como chamar tudo de "direito" e nada de "esquerdo". No geral, cheguei à conclusão de que o otimista achava tudo bom, exceto o pessimista, e que o pessimista achava tudo ruim, exceto a si mesmo. Seria injusto deixar de incluir a misteriosa, mas sugestiva, definição dada por uma menininha: "Um otimista é um homem que cuida dos seus olhos, e um pessimista é um homem que cuida dos seus pés." Talvez essa seja a melhor definição de todas. Há até uma espécie de verdade alegórica nisso. Pois talvez pudesse ser feita uma distinção proveitosa entre o pensador mais desalentado, que pensa apenas no nosso contato com o chão a cada passo, e o pensador mais esperançoso, que considera, preferencialmente, nossa habilidade fundamental de visão e escolha do caminho. Mas há um erro profundo nessa alternativa entre o otimista e o pessimista. A suposição é que um homem critica este mundo como se estivesse procurando uma casa, como se estivesse sendo apresentado a um novo conjunto de apartamentos. Se um homem chegasse a este mundo vindo de outro em plena posse de suas faculdades, poderia discutir se a vantagem dos bosques no auge do verão compensaria a desvantagem dos cães raivosos, assim como um homem que procura por alojamento pode compensar a presença de um telefone com a ausência de uma vista para o mar. Mas nenhum homem está nessa posição. Um homem pertence a este mundo antes de começar a perguntar se é bom pertencer a ele. Ele lutou pela bandeira e muitas vezes alcançou vitórias heroicas por ela antes mesmo de ter se alistado. Em resumo, ele tem lealdade muito antes de ter qualquer admiração.

No capítulo anterior, foi dito que o sentimento primordial de que este mundo é estranho e, ainda assim, atraente é mais bem expresso em contos de fadas. O leitor pode, se desejar, atribuir a próxima etapa à literatura belicosa e até jingoísta que geralmente se segue à história de um garoto [nos contos de fadas]. Todos nós devemos muito de nossa moral sólida aos folhetins baratos. Qualquer que seja a razão, parecia, e

A bandeira do mundo

ainda me parece, que nossa atitude em relação à vida pode ser mais bem expressa em termos de uma espécie de lealdade militar do que em termos de crítica e aprovação. Minha aceitação do universo não é otimismo; é mais parecida com patriotismo. É uma questão de lealdade primordial. O mundo não é uma pensão em Brighton, que devemos abandonar porque é miserável. É a fortaleza de nossa família com a bandeira tremulando no torreão e, quanto mais miserável for, menos devemos abandoná-la. A questão não é se este mundo é triste demais para ser amado ou alegre demais para não ser amado; a questão é que, quando você ama algo, sua alegria é uma razão para amá-lo, e sua tristeza é uma razão para amá-lo ainda mais. Todos os pensamentos otimistas sobre a Inglaterra e todos os pensamentos pessimistas sobre ela são igualmente razões para o patriota inglês. Da mesma forma, otimismo e pessimismo são igualmente argumentos para o patriota cósmico.

Suponhamos que sejamos confrontados com uma coisa desesperadora — por exemplo, Pimlico.[1] Se pensarmos no que é realmente melhor para Pimlico, descobriremos que o fio do pensamento nos leva ao trono ou ao místico e ao arbitrário. Não basta a um homem rejeitar Pimlico: nesse caso, ele apenas cortará a própria garganta ou se mudará para Chelsea. Decerto, tampouco basta a um homem aceitar Pimlico: pois, então, ele continuará sendo Pimlico, o que seria terrível. A única saída parece ser amar Pimlico: amá-lo com um laço transcendental e sem qualquer motivo terreno.

---

1 Chesterton escolhe Pimlico como exemplo porque, no imaginário da época, era um bairro comum, que poderia ser considerado sem graça ou pouco atraente para aqueles que buscavam o prestígio e a sofisticação de outros bairros de Londres, como Chelsea.

Ortodoxia

Se surgisse um homem que amasse Pimlico, então Pimlico se ergueria em torres de marfim e pináculos dourados; Pimlico se adornaria como uma mulher quando é amada. Pois o objetivo da decoração não é esconder o que é horrível, mas decorar o que já é adorável. Uma mãe não dá um laço azul a seu filho porque ele ficaria feio sem ele. Um amante não dá um colar a uma garota para esconder seu pescoço. Se os homens amassem Pimlico como as mães amam seus filhos, arbitrariamente, porque são seus, Pimlico em um ou dois anos poderia ser mais bela do que Florença. Alguns leitores dirão que isso é uma mera fantasia. Eu respondo que é a história real da humanidade. Esse, de fato, é o modo como as cidades cresceram. Voltemos às raízes mais obscuras da civilização e as encontraremos entrelaçadas em torno de alguma pedra sagrada ou cercando algum poço sagrado. As pessoas primeiro honraram um local e depois obtiveram glória para ele. Os homens não amavam Roma porque ela era grande. Ela se tornou grande porque eles a amavam.

As teorias do contrato social do século xviii foram expostas a muitas críticas descabidas em nosso tempo; ao sugerirem que, por trás de todo governo histórico, havia a ideia de consentimento e cooperação, estavam demonstravelmente corretas. Mas estavam equivocadas ao sugerirem que os homens tivessem, alguma vez, almejado diretamente a ordem ou a ética por meio de uma troca consciente de interesses. A moralidade não começou com um homem dizendo ao outro "Eu não vou bater em você se você não bater em mim"; não há vestígio de tal acordo. Há, sim, vestígio de que ambos disseram: "Não devemos bater um no outro no lugar sagrado." Eles adquiriram a moralidade protegendo sua religião. Não cultivaram a coragem. Lutaram pelo

A bandeira do mundo

santuário e descobriram que haviam se tornado corajosos. Não cultivaram a limpeza. Purificaram-se para o altar e descobriram que estavam limpos. A história dos judeus é o único documento antigo conhecido pela maioria dos ingleses, e há fatos suficientes para serem julgados a partir disso. Os Dez Mandamentos, que são, em grande parte, comuns a toda a humanidade, eram meramente comandos militares; um código de ordens regimentais emitido para proteger certa arca[2] através de determinado deserto.[3] A anarquia era um mal porque colocava em risco a santidade. E só quando fizeram um dia santo para Deus descobriram que haviam criado um feriado para os homens.[4]

Se aceitarmos que essa devoção primordial a um lugar ou uma coisa é uma fonte de energia criativa, podemos prosseguir para um fato muito peculiar. Vamos reiterar por um instante que o único otimismo correto é uma espécie de patriotismo universal. Qual é o problema do pessimista? Acho que pode ser dito que ele é o antipatriota cósmico. E qual é o problema do antipatriota? Acho que pode ser dito, sem muita amargura, que ele é o amigo franco. E qual é o problema do amigo franco? Aí chegamos ao cerne da vida real e da imutável natureza humana.

Arrisco-me a dizer que o que há de errado no amigo franco é simplesmente que ele não é franco. Ele está escondendo algo — seu próprio prazer sinistro em dizer coisas

---

2 Refere-se à "arca da aliança", que, segundo a tradição bíblica, seria um cofre sagrado construído para abrigar as tábuas de pedra dos Dez Mandamentos. É considerada um símbolo da presença divina.
3 O deserto do Sinai.
4 Alusão à instituição do quarto mandamento (Êxodo 20:8-11, e Deuteronômio 5:12-14).

desagradáveis. Ele tem um desejo secreto de ferir, não apenas de ajudar. Acho que é isso que torna irritante um certo tipo de antipatriota para cidadãos saudáveis. Não falo (claro) do antipatriotismo que apenas irrita corretores de ações febris e atrizes efusivas; isso é a clara expressão do patriotismo. Um homem que diz que nenhum patriota deve criticar a Guerra dos Bôeres até que ela termine não merece uma resposta inteligente; ele está dizendo que nenhum bom filho deve alertar sua mãe sobre um penhasco até que ela já tenha caído dele. Mas há um antipatriota que realmente irrita homens honestos, e a explicação para ele é, penso eu, o que sugeri: ele é o amigo franco não franco; o homem que diz "Lamento dizer que estamos arruinados" e nada lamenta. E pode-se dizer, sem retórica, que ele é um traidor, pois está usando aquele conhecimento amargo, que lhe foi permitido para fortalecer o exército, para dissuadir as pessoas de se alistarem. Por ter a liberdade de ser pessimista como conselheiro militar, ele o está sendo como sargento recrutador. Da mesma forma, o pessimista (que é o antipatriota cósmico) usa a liberdade que a vida concede aos seus conselheiros para afastar as pessoas de sua bandeira. Mesmo que ele esteja apenas declarando fatos, ainda assim é essencial saber quais são suas emoções, qual é sua motivação. Pode ser que mil e duzentos homens em Tottenham estejam com varíola, mas queremos saber se isso foi dito por algum grande filósofo que quer amaldiçoar os deuses ou apenas por algum clérigo comum que quer ajudar os homens.

O mal do pessimista é, então, não que ele castigue deuses e homens, mas que não ama o que castiga — ele não tem essa lealdade primordial e sobrenatural às coisas. Qual é o mal do homem que se costuma chamar de otimista?

A bandeira do mundo

Obviamente, acredita-se que o otimista, querendo defender a honra deste mundo, defenderá o indefensável. Ele é o jingoísta do universo; ele dirá: "Meu cosmos, certo ou errado." Ele será menos inclinado à reforma das coisas, mais inclinado a uma espécie de resposta oficial e conformista a todas as críticas, acalmando a todos com garantias. Ele não lavará o mundo, mas o encobrirá com uma demão de cal. Tudo isso (que é verdade sobre um tipo de otimista) nos leva ao único ponto realmente interessante da psicologia, que não poderia ser explicado sem isso.

Nós dizemos que deve haver uma lealdade primordial à vida. A única questão é: será uma lealdade natural ou sobrenatural? Se preferir colocar assim, será uma lealdade racional ou irracional? Agora, o extraordinário é que o mau otimismo (o mascaramento, a defesa conformista de tudo) surge com o otimismo racional. O otimismo racional leva à estagnação: é o otimismo irracional que leva à reforma. Vou explicar usando mais uma vez o paralelo do patriotismo. O homem com maior probabilidade de arruinar o lugar que ama é exatamente aquele que o ama por uma razão. O homem que melhorará o lugar é aquele que o ama sem uma razão. Se um homem ama alguma característica de Pimlico (o que parece improvável), ele pode se ver defendendo essa característica contra o próprio Pimlico. Mas, se ele simplesmente ama Pimlico, ele pode devastá-lo e transformá-lo na Nova Jerusalém.[5] Não nego que a reforma possa ser excessiva; apenas digo que é o patriota místico quem reforma. O mero contentamento jingoísta é mais comum entre

---

[5] Mencionada no livro do Apocalipse, simboliza um local de perfeição e paz que contrasta com a realidade mundana de lugares como Pimlico, que Chesterton usa como exemplo de um local comum e imperfeito.

aqueles que têm alguma razão pedante para seu patriotismo. Os piores jingoístas não amam a Inglaterra, mas uma teoria sobre a Inglaterra. Se amarmos a Inglaterra por ser um império, podemos superestimar o sucesso com que governamos os hindus. Mas, se a amarmos apenas por ser uma nação, podemos enfrentar todos os eventos, pois ela seria uma nação mesmo que os hindus nos governassem. Da mesma forma, somente aqueles cujo patriotismo depende da história permitirão que seu patriotismo falsifique a história. Um homem que ama a Inglaterra por ser inglesa não se importará com como ela surgiu. Mas um homem que ama a Inglaterra por ser anglo-saxã poderá se opor a todos os fatos por sua fantasia. Ele pode acabar (como Carlyle e Freeman) alegando que a Conquista Normanda foi uma Conquista Saxônica. Ele pode acabar em total irracionalidade — porque tinha uma razão. Um homem que ama a França por ser belicosa amenizará os erros do exército de 1870.[6] Mas um homem que ama a França por ser a França reestruturará o exército de 1870. Isso é exatamente o que os franceses fizeram, e a França é um bom exemplo do paradoxo em ação. Em nenhum outro lugar o patriotismo é mais puramente abstrato e arbitrário, e em nenhum outro lugar a reforma é mais drástica e radical. Quanto mais transcendental é o seu patriotismo, mais pragmáticos são os seus atos políticos.

Talvez o exemplo mais cotidiano desse ponto seja o caso das mulheres e sua estranha e forte lealdade. Algumas pessoas estúpidas propagaram a ideia de que, porque as mulheres obviamente apoiam seus entes queridos em qualquer

---

6 O autor está se referindo ao desempenho do exército francês durante a Guerra Franco-Prussiana de 1870, um conflito que terminou de forma desastrosa para a França.

circunstância, logo são cegas e não veem nada. Elas nunca devem ter conhecido uma mulher. As mesmas mulheres que estão prontas para defender seus homens a qualquer custo são (em seu relacionamento pessoal com o homem) quase morbidamente lúcidas quanto à fragilidade de suas desculpas ou à dureza de suas cabeças. O amigo de um homem gosta dele, mas o deixa como é; sua esposa o ama e está sempre tentando transformá-lo em outra pessoa. As mulheres que são completamente místicas em sua crença são completamente cínicas em sua crítica. Thackeray expressou isso bem ao retratar a mãe de Pendennis, que o adorava como um deus, mas ainda assim presumia que ele fracassaria como homem. Ela subestimava sua virtude, embora superestimasse seu valor.[7] A devota é inteiramente livre para criticar; a fanática pode seguramente ser uma cética. O amor não é cego; essa é a última coisa que ele é. O amor é um vínculo, e, quanto mais forte o vínculo, menos é cego.

Pelo menos essa era a minha posição sobre tudo o que era chamado de otimismo, pessimismo e melhoria. Antes de qualquer ato cósmico de reforma, devemos ter um juramento cósmico de lealdade. Um homem deve se interessar pela vida, então ele poderá ser imparcial em relação às suas opiniões sobre ela. "Meu filho, dá-me o teu coração";[8] o coração deve estar preso à coisa certa: no momento em que temos um coração preso, temos uma mão livre. Devo fazer uma pausa para antecipar uma crítica óbvia. Dir-se-á que uma pessoa racional aceita o mundo como uma mistura de bem e mal com satisfação razoável e resistência razoável.

---

7 Chesterton faz referência à personagem sra. Pendennis, do romance *Pendennis*, de William Makepeace Thackeray.
8 Alusão a Provérbios 23:26.

Mas essa é exatamente a atitude que considero defeituosa. Sei que é muito comum nesta época; foi perfeitamente expressa nas linhas tranquilas do poema "Empedocles on Etna", de Matthew Arnold, que são mais blasfemas do que os gritos de Schopenhauer:

> Basta vivermos: — e se uma vida,
> De grandes feitos tão vazia,
> Ainda que suportável,
> Mal justifique
> A pompa dos mundos, a dor do nascer.

Sei que esse sentimento domina nossa época e acho que ele a congela. Para nossos propósitos titânicos de fé e revolução, o que precisamos não é da fria aceitação do mundo como um compromisso, mas de algum modo pelo qual possamos odiá-lo intensamente e amá-lo intensamente. Não queremos que a alegria e a raiva se neutralizem e produzam um contentamento taciturno; queremos um prazer mais feroz e um descontentamento mais feroz. Temos que sentir o universo ao mesmo tempo como o castelo de um ogro, que deve ser atacado, e como nossa própria cabana, à qual podemos retornar à noite.

Ninguém duvida que um homem comum possa se ajustar a este mundo; entretanto, não exigimos dele força suficiente para se ajustar, mas força suficiente para fazê-lo progredir. Pode ele odiá-lo o suficiente para mudá-lo e, ainda assim, amá-lo o suficiente para achar que vale a pena mudá-lo? Pode levantar os olhos para o seu bem colossal sem sentir, uma vez sequer, complacência? Pode levantar os olhos para o seu mal colossal sem sentir, uma vez sequer, desespero?

Pode, enfim, ser ao mesmo tempo não apenas um pessimista e um otimista, mas um pessimista fanático e um otimista fanático? Seria ele pagão o suficiente para morrer pelo mundo e cristão o suficiente para morrer[9] para ele? Nesta combinação, eu afirmo, é o otimista racional quem falha, o otimista irracional quem tem sucesso. Ele está disposto a destruir todo o universo em prol do próprio universo. Apresento essas coisas não em sua sequência lógica madura, mas como vieram, e essa visão foi esclarecida e aguçada por um acidente da época. Sob a crescente sombra de Ibsen, surgiu uma discussão sobre se não seria uma coisa muito interessante suicidar-se. Graves modernos nos disseram que não deveríamos sequer dizer "pobre coitado" de um homem que estourou os próprios miolos, pois ele era uma pessoa invejável e só o fez devido à sua excelência excepcional. O crítico literário e tradutor William Archer sugeriu até que, nos anos dourados, haveria máquinas automáticas de um centavo nas quais um homem poderia se matar por um centavo de libra esterlina. Em tudo isso, me vi completamente hostil a muitos que se diziam liberais e humanos. O suicídio não é apenas um pecado, é o pecado. É o mal último e absoluto, a recusa em se interessar pela existência; a recusa em fazer o juramento de lealdade à vida. O homem que mata um homem, mata um homem. O homem que se mata, mata todos os homens; no que lhe diz respeito, ele extingue o mundo. Seu ato é pior (considerado simbolicamente) do que qualquer estupro ou atentado com dinamite. Pois destrói todos os edifícios, insulta todas as mulheres. O

---

9 Alusão a passagens bíblicas como as dos Evangelhos: Mateus 16:24-25, e João 12:25; e das epístolas paulinas: Romanos 6:6; Colossenses 3:3; Gálatas 6:14.

Ortodoxia

ladrão se satisfaz com diamantes, mas o suicida não: esse é o seu crime. Ele não pode ser subornado, nem mesmo pelas pedras flamejantes da Cidade Celestial.[10] O ladrão elogia as coisas que rouba, se não o dono delas. Mas o suicida insulta tudo na terra por não roubar. Ele profana cada flor por se recusar a viver por ela. Não há uma única criatura no cosmos a quem sua morte não seja um insulto. Quando um homem se enforca em uma árvore, as folhas poderiam cair de raiva, e os pássaros, voar em fúria, pois cada um deles foi pessoalmente ofendido. Claro que pode haver desculpas emocionais patéticas para o ato. Frequentemente há para o estupro, e quase sempre há para a dinamite. Mas, quando se trata de ideias claras e do significado inteligente das coisas, então há muito mais verdade racional e filosófica no enterro na encruzilhada e na estaca cravada no corpo do que nas máquinas automáticas de suicídio de Archer. Faz sentido enterrar o suicida à parte. O crime desse homem é diferente de outros crimes — pois ele torna até mesmo os outros crimes impossíveis.

Mais ou menos na mesma época, li uma frivolidade solene de algum livre-pensador: ele disse que um suicida era apenas o mesmo que um mártir. A falácia evidente disso ajudou a esclarecer a questão. Obviamente, um suicida é o oposto de um mártir. Um mártir é um homem que se importa tanto com algo fora de si que esquece a vida pessoal. Um suicida é um homem que se importa tão pouco com qualquer coisa fora de si que quer ver o fim de tudo. Um quer que algo comece; o outro quer que tudo termine. Em outras palavras, o mártir é nobre exatamente porque (por

---

10 Alusão a Apocalipse 21:10-21.

A bandeira do mundo

mais que renuncie ao mundo ou execre toda a humanidade) confessa esse vínculo último com a vida; ele coloca o coração fora de si: ele morre para que algo possa viver. O suicida é ignóbil porque não tem esse vínculo com o ser: é um mero destruidor; espiritualmente, ele destrói o universo. E então me lembrei da estaca na encruzilhada e do curioso fato de que o cristianismo havia mostrado essa estranha severidade para com o suicida. Pois o cristianismo havia mostrado um encorajamento insano ao mártir. O cristianismo histórico foi acusado, não totalmente sem razão, de levar o martírio e o ascetismo a um ponto desolador e pessimista. Os primeiros mártires cristãos falavam da morte com uma felicidade horrível. Eles blasfemavam contra os belos deveres do corpo: cheiravam a sepultura ao longe como um campo de flores. Tudo isso pareceu para muitos a própria poesia do pessimismo. No entanto, há a estaca na encruzilhada para mostrar o que o cristianismo pensava do pessimista.

Este foi o primeiro de uma longa série de enigmas com os quais o cristianismo entrou na discussão. E havia nele uma peculiaridade sobre a qual terei que falar mais explicitamente como uma marca de todas as noções cristãs, mas que começou distintamente aqui. A atitude cristã em relação ao mártir e ao suicida não era o que se afirma com tanta frequência na moral moderna. Não era uma questão de grau. Não se tratava simplesmente de traçar uma linha em algum ponto no qual o autoassassino em estado de exaltação ficasse dentro do limite e o autoassassino triste, um pouco além dela. O sentimento cristão evidentemente não era apenas que o suicida estava levando o martírio longe demais. O sentimento cristão era ferozmente a favor de um e ferozmente contra o outro: essas duas coisas que pareciam tão semelhantes estavam em extremos opostos do céu e do inferno. Um homem jogou fora sua vida; ele era tão bom que seus ossos secos podiam curar cidades em pestilência.[11] Outro homem jogou fora a vida; ele era tão mau que seus ossos poluiriam seus irmãos. Não estou dizendo que essa ferocidade era justa, mas por que era tão feroz?

Foi aí que percebi pela primeira vez que meus pés errantes estavam em algum caminho já trilhado. O cristianismo também havia apreendido essa oposição entre o mártir e o suicida: talvez a tivesse apreendido pelo mesmo motivo? O cristianismo apreendeu o que eu apreendi, mas não conseguia (e não consigo) expressar — essa necessidade de uma lealdade primordial às coisas seguida de uma reforma radical delas? Então lembrei que, na verdade, era em uma acusação contra o cristianismo que ele combinava essas duas coisas que eu estava desesperadamente tentando combinar. O cristianismo era acusado ao mesmo tempo de ser muito otimista em relação ao universo e muito pessimista em relação ao mundo. A coincidência me fez ficar subitamente paralisado.

Um hábito imbecil surgiu na controvérsia moderna de dizer que tal crença pode ser mantida em uma época, mas não pode ser mantida em outra. Dizem-nos que um dogma era crível no século XII, mas não é crível no século XX. Seria o mesmo que dizer que é possível acreditar em certa filosofia às segundas-feiras, mas não às terças-feiras. Seria o mesmo que dizer de uma visão do cosmos que ela era adequada às três e meia, mas não adequada às quatro e meia.

---

11 Assim como o sangue de Abel, que mesmo após sua morte ainda fala (Hebreus 11:4), os "ossos secos" dos mártires tornam-se fonte de vida, em contraste com os ossos maculadores dos suicidas.

A bandeira do mundo

No que um homem pode acreditar depende de sua filosofia, não do relógio ou do século. Se um homem acredita em uma lei natural imutável, ele não pode acreditar em nenhum milagre em nenhuma época. Se um homem acredita em uma vontade por trás da lei, ele pode acreditar em qualquer milagre em qualquer época. Suponha, pela validade do argumento, que estejamos lidando com um caso de cura taumatúrgica. Um materialista do século XII não poderia acreditar nisso mais do que um do século XX. Mas um cientista cristão do século XX pode acreditar nisso tanto quanto um do século XII. É simplesmente uma questão da teoria de cada homem sobre as coisas. Portanto, ao lidar com qualquer resposta histórica, o ponto não é se foi dada em nosso tempo, mas se foi dada em resposta à nossa pergunta. E, quanto mais eu pensava sobre quando e como o cristianismo havia surgido no mundo, mais sentia que ele realmente viera para responder a essa pergunta.

Normalmente, são os cristãos liberais e latitudinários que fazem elogios totalmente indefensáveis ao cristianismo. Eles falam como se nunca tivesse havido piedade ou compaixão antes do cristianismo, um ponto sobre o qual qualquer indivíduo medieval teria prazer em corrigi-los. Eles alegam que o notável sobre o cristianismo consiste em ter sido o primeiro a pregar simplicidade ou domínio próprio, ou interioridade e sinceridade. Eles me considerarão muito estreito (seja lá o que isso signifique) se eu disser que o notável sobre o cristianismo consiste em ter sido o primeiro a pregar o cristianismo. Sua peculiaridade reside no fato de ele ter sido peculiar, e simplicidade e sinceridade não são peculiares, mas ideais óbvios para toda a humanidade. O cristianismo foi a resposta para um enigma, não o último truísmo proferido após uma longa conversa. Outro dia, vi em um excelente jornal semanal de tom puritano esta observação: que o cristianismo, quando despojado de sua armadura de dogma (como quem fala de um homem despojado de sua armadura de ossos), revelou ser nada além da doutrina Quacre da Luz Interior.[12] Agora, se eu dissesse que o cristianismo veio ao mundo especialmente para destruir a doutrina da Luz Interior, isso seria um exagero. Mas estaria muito mais próximo da verdade. Os últimos estoicos, como Marco Aurélio, eram exatamente as pessoas que acreditavam na Luz Interior. Sua dignidade, seu cansaço, seu triste cuidado externo com os outros, sua incurável preocupação interna consigo mesmo, eram todos devidos à Luz Interior, e existiam apenas por essa sombria iluminação. Observe que Marco Aurélio insiste, como esses moralistas introspectivos sempre fazem, em pequenas coisas feitas ou não feitas; é porque ele não tem ódio ou amor suficiente para fazer uma revolução moral. Ele se levanta cedo pela manhã, assim como nossos próprios aristocratas que vivem a Vida Simples se levantam cedo pela manhã; porque tal altruísmo é muito mais fácil do que parar os jogos do anfiteatro ou devolver a terra ao povo inglês. Marco Aurélio é o tipo humano mais intolerável. Ele é um egoísta altruísta. Um egoísta altruísta é um homem que tem orgulho sem a desculpa da paixão. De todas as formas concebíveis de iluminação, a pior é o que essas pessoas chamam de Luz Interior. De todas as religiões horríveis, a mais horrível é a adoração do deus interior.

---

12 A doutrina Quacre da Luz Interior é um princípio fundamental da Sociedade Religiosa dos Amigos (Quacres), que acredita que cada pessoa possui uma "luz" divina dentro de si, vista como uma manifestação direta da presença de Deus, capaz de guiá-la espiritualmente.

A bandeira do mundo

Qualquer pessoa que conheça alguém sabe como isso funcionaria; qualquer pessoa que conheça alguém do Centro do Pensamento Elevado sabe como funciona. Que Jones adore o deus dentro de si, significa, na verdade, que Jones adorará Jones. Que Jones adore o Sol ou a Lua, qualquer coisa, menos a Luz Interior; permita que Jones adore gatos ou crocodilos se encontrar algum em sua rua, mas não o deus interior. O cristianismo veio ao mundo, antes de qualquer coisa, para afirmar com veemência que um homem não precisava apenas olhar para dentro, mas olhar para fora, contemplar com espanto e entusiasmo uma companhia divina e um capitão divino. O único alívio de ser cristão fundamentava-se no fato de que um homem não ficava sozinho com a Luz Interior, mas reconhecia definitivamente uma luz exterior bela como o Sol, clara como a Lua, terrível como um exército com bandeiras.[13]

Ainda assim, será melhor se Jones não adorar o Sol e a Lua. Se o fizer, há uma tendência de imitá-los; de dizer que, porque o Sol queima insetos vivos, ele também pode queimar insetos vivos. Pensa que, como o Sol causa insolação, ele pode causar sarampo no vizinho. Pensa que, como dizem que a Lua enlouquece os homens, ele pode enlouquecer a esposa. Esse lado feio do otimismo meramente externo também se mostrou no mundo antigo. Quando o idealismo estoico começou a mostrar as fraquezas do pessimismo, a velha adoração da natureza dos antigos começou a mostrar as enormes fraquezas do otimismo. A adoração da natureza é natural enquanto a sociedade é jovem, ou, em outras palavras, o panteísmo é aceitável enquanto for a adoração de Pan. Mas a Natureza tem outro lado que a experiência

---

13 Alusão a Cânticos 6:10.

e o pecado não demoram a descobrir, e não é uma irreverência dizer do deus Pan que ele logo mostrou a fenda no casco. A única objeção à Religião Natural é que, de alguma forma, ela sempre se torna antinatural. Um homem ama a Natureza pela manhã por sua inocência e amabilidade, e ao anoitecer, se ainda a ama, é por sua escuridão e crueldade. Ele se lava ao amanhecer em água clara, como fazia o Sábio dos Estoicos, mas, de alguma forma, ao final sombrio do dia, está se banhando em sangue quente de touro, como fez Juliano, o Apóstata. A mera busca da saúde sempre leva a algo doentio. A natureza física não deve ser feita o objeto direto da obediência; deve ser apreciada, não adorada. Estrelas e montanhas não devem ser levadas a sério. Se forem, acabamos onde terminou a adoração pagã da natureza. Como a terra é gentil, podemos imitar todas as suas crueldades. Como a sexualidade é sã, podemos todos enlouquecer com a sexualidade. O mero otimismo atingiu seu fim insano e apropriado. A teoria de que tudo era bom tornou-se uma orgia de tudo que era ruim.

Por outro lado, nossos idealistas pessimistas eram representados pelo antigo remanescente dos estoicos. Marco Aurélio e seus amigos realmente desistiram da ideia de qualquer deus no universo e olharam apenas para o deus interior. Eles não tinham esperança de qualquer virtude na natureza e quase nenhuma esperança de qualquer virtude na sociedade. Não tinham interesse suficiente no mundo exterior para realmente destruí-lo ou revolucioná-lo. Eles não amavam a cidade o suficiente para incendiá-la. Assim, o mundo antigo estava exatamente em nosso próprio dilema desolador. Os únicos que de fato desfrutavam deste mundo estavam ocupados em destruí-lo; e as pessoas virtuosas

A bandeira do mundo

não se importavam o suficiente com eles para derrubá-los. Nesse dilema (o mesmo que o nosso), o cristianismo subitamente interveio e ofereceu uma resposta singular, que o mundo acabou aceitando como A RESPOSTA. Foi a resposta naquela época, e acho que é a resposta agora.

Essa resposta foi como o golpe de uma espada; ela separou; não realizou a união sentimental de forma alguma. Resumindo, ela separou Deus do cosmos. A transcendência e a distinção da divindade, que alguns cristãos agora querem remover do cristianismo, foi realmente a única razão pela qual alguém quis ser cristão. Foi todo o fundamento da resposta cristã ao pessimista infeliz e ao otimista ainda mais infeliz. Como aqui estou preocupado somente com o problema específico deles, indicarei apenas brevemente essa grande sugestão metafísica. Todas as descrições do princípio criador ou sustentador das coisas devem ser metafóricas, pois devem ser linguísticas. Assim, o panteísta é forçado a falar de Deus em todas as coisas como se ele estivesse em uma caixa. Assim, o evolucionista tem, em seu próprio nome, a ideia de algo ser desenrolado como um tapete. Todos os termos, religiosos e irreligiosos, estão sujeitos a essa crítica. A única questão é se todos os termos são inúteis ou se é possível, com uma frase, cobrir uma IDEIA distinta sobre a origem das coisas. Acho que sim, e evidentemente o evolucionista também, ou ele não falaria sobre evolução. E o conceito central de todo o teísmo cristão era este: que Deus era um criador como um artista é um criador. Um poeta está tão separado de seu poema que ele mesmo fala dele como uma pequena coisa que "jogou fora". Mesmo ao dar origem a ele, ele o lançou fora. Esse princípio de que toda criação e procriação é uma separação é tão consistente no cosmos quanto o princípio evolucionário de que todo crescimento é uma ramificação. Uma mulher perde um filho mesmo ao dar à luz um filho. TODA criação é separação. O nascimento é uma separação tão solene quanto a morte.

Era o princípio filosófico fundamental do cristianismo que essa separação no ato divino de criar (como o que separa o poeta do poema ou a mãe do filho recém-nascido) era a verdadeira descrição do ato pelo qual a energia absoluta criou o mundo. De acordo com a maioria dos filósofos, Deus, ao criar o mundo, o escravizou. De acordo com o cristianismo, ao criá-lo, ele o libertou. Deus havia escrito não tanto um poema, mas uma peça de teatro; uma peça que ele planejou como perfeita, mas que foi necessariamente deixada para atores e diretores humanos, que desde então fizeram uma grande bagunça. Discutirei a verdade desse teorema mais tarde. Aqui, tenho apenas que apontar com que espantosa facilidade ele superou o dilema que discutimos neste capítulo. Desse modo, pelo menos, alguém poderia ser ao mesmo tempo feliz e indignado sem se rebaixar a ser pessimista ou otimista. Nesse sistema, alguém poderia lutar contra todas as forças da existência sem abandonar a bandeira da existência. Alguém poderia estar em paz com o universo e ainda estar em guerra com o mundo. Jorge da Capadócia ainda poderia lutar contra o dragão, não importando o quão grande o monstro parecesse no cosmos, mesmo que fosse maior que as cidades poderosas ou maior que as colinas eternas.[14] Se ele fosse tão grande quanto o mundo, ainda poderia ser morto em nome do mundo. Jorge não precisava considerar quaisquer probabilidades óbvias

---

14 Alusão a Gênesis 49:26, e Deuteronômio 33:15.

A bandeira do mundo

ou proporções na escala das coisas, mas apenas o segredo original de seu projeto. Ele pode brandir sua espada contra o dragão mesmo que seja tudo, mesmo que os céus vazios sobre sua cabeça sejam apenas o imenso arco de suas mandíbulas abertas. E então se seguiu uma experiência impossível de descrever. Foi como se eu estivesse cambaleando desde o meu nascimento com duas máquinas enormes e incontroláveis de formas diferentes e sem conexão aparente — o mundo e a tradição cristã. Eu havia encontrado essa fenda no mundo: o fato de que, de alguma forma, é preciso encontrar uma maneira de amar o mundo sem confiar nele; de alguma forma, é preciso amá-lo sem ser mundano. Encontrei essa característica sobressalente da teologia cristã, como uma espécie de espinho inflexível, a insistência dogmática de que Deus era pessoal e havia feito um mundo separado de si mesmo. O espinho do dogma se encaixou com precisão nessa fenda do mundo — evidentemente fora feito para ir ao seu encontro — e então a coisa estranha começou a acontecer. Quando essas duas partes das duas máquinas se uniram uma após a outra, todas as outras se ajustaram e se encaixaram com uma exatidão inquietante. Eu ouvia parafuso após parafuso por toda a maquinaria encaixando-se com um tipo de clique de alívio. Tendo acertado uma parte, todas as outras repetiam essa correção como relógio após relógio marcando o meio--dia. Instinto após instinto era respondido por doutrina após doutrina. Ou, para variar a metáfora, eu era como alguém que avançou em um território hostil para tomar uma fortaleza elevada. E, quando essa fortaleza caiu, todo o país se rendeu e se solidificou atrás de mim. Toda a terra se iluminou, por assim dizer, até os primeiros campos da minha infância.

Todas aquelas fantasias cegas da juventude, que no quarto capítulo tentei em vão rastrear na escuridão, tornaram-se subitamente transparentes e sãs. Eu estava certo quando senti que as rosas eram vermelhas por algum tipo de escolha: era a escolha divina. Eu estava certo quando senti que quase preferiria dizer que a grama tinha a cor errada a dizer que tinha de ser necessariamente daquela cor: ela poderia, de fato, ter sido de qualquer outra cor. Meu senso de que a felicidade dependia do frágil fio de uma condição significava algo no fim das contas: significava toda a doutrina da Queda. Até mesmo aqueles monstros indistintos e amorfos de noções, que não consegui descrever, muito menos defender, acomodaram-se tranquilamente em seus lugares como colossais cariátides do credo. A ideia de que o cosmos não era vasto e vazio, mas pequeno e aconchegante, agora tinha um significado realizado, pois tudo que é uma obra de arte deve ser pequeno aos olhos do artista; para Deus, as estrelas poderiam ser apenas pequenas e queridas como diamantes. E meu instinto inquietante de que, de alguma forma, o bem não era apenas uma ferramenta a ser usada, mas uma relíquia a ser guardada como os bens do navio de Crusoé — até isso tinha sido o sussurro selvagem de algo originalmente sábio, pois, segundo o cristianismo, éramos de fato os sobreviventes de um naufrágio, a tripulação de um navio dourado que afundou antes do início do mundo.

 Mas o importante era que isso reverteu inteiramente a razão do otimismo. E, no instante em que a reversão foi feita, senti com a mesma facilidade abrupta de quando um osso é colocado de volta na articulação. Eu me chamava de otimista para evitar a blasfêmia evidente do pessimismo. Mas todo o otimismo da época era falso e desanimador por esta razão:

A bandeira do mundo

ele sempre tentava provar que nos encaixávamos no mundo. O otimismo cristão é baseado no fato de que NÃO nos encaixamos no mundo. Eu tentei ser feliz dizendo a mim mesmo que o homem é um animal como qualquer outro que busca seu alimento em Deus. Mas agora eu realmente estava feliz, pois aprendera que o homem é uma monstruosidade. Eu estava certo em sentir todas as coisas como estranhas, pois eu mesmo era simultaneamente pior e melhor do que todas as coisas. O prazer do otimista era prosaico, pois residia na naturalidade de tudo; o prazer cristão era poético, pois residia na não naturalidade de tudo à luz do sobrenatural. O filósofo moderno me disse repetidas vezes que eu estava no lugar certo, e eu ainda me sentia deprimido, mesmo em conformidade. Mas eu tinha ouvido que eu estava no lugar ERRADO, e minha alma cantou de alegria como um pássaro na primavera. O conhecimento encontrado iluminou câmaras esquecidas na casa escura da infância. Eu sabia agora por que a grama sempre me parecera tão estranha quanto a barba verde de um gigante, e por que eu sentia saudades de casa estando em casa.

CAPÍTULO 6

Os paradoxos do cristianismo

O verdadeiro problema do nosso mundo não é que ele seja um mundo irracional, nem mesmo que seja um mundo racional. O problema mais comum é que ele é quase racional, mas não completamente. A vida não é uma ilogicidade; no entanto, é uma armadilha para os lógicos. Ela parece um pouco mais matemática e regular do que de fato é; sua exatidão é evidente, mas sua inexatidão está escondida; sua selvageria está à espreita. Dou um exemplo grosseiro do que quero dizer. Suponha que alguma criatura matemática da Lua viesse analisar o corpo humano; ela perceberia de imediato que a característica essencial dele é ser duplicado. Um homem é dois homens, sendo o lado direito exatamente semelhante ao lado esquerdo. Após notar que havia um braço à direita e um à esquerda, uma perna à direita e uma à esquerda, ela poderia ir além e ainda encontrar em cada lado o mesmo número de dedos das mãos e dos pés, olhos gêmeos, orelhas gêmeas, narinas gêmeas e até lóbulos gêmeos do cérebro. Por fim, ela tomaria isso como uma lei; e então, ao encontrar um coração de um lado, deduziria que haveria outro do outro lado. E exatamente nesse ponto, quando mais sentiria que estava certa, estaria errada. É esse desvio silencioso da precisão por uma polegada que é o elemento estranho em tudo. Parece uma espécie de traição secreta no universo. Uma maçã ou uma laranja é suficientemente redonda para ser chamada de redonda, mas, no fim das contas, não é redonda de verdade. A própria Terra tem a forma de uma laranja para induzir algum astrônomo ingênuo a chamá-la de globo. Uma lâmina foliar tem o mesmo nome da lâmina da espada porque chega a um ponto, mas não chega. Em todas as coisas, há esse elemento de quietude e do incalculável. Ele escapa aos racionalistas, mas nunca escapa até o último momento. Dada a grande curva de nossa Terra, poderia facilmente se inferir que cada polegada dela também seria, portanto, curva. Pareceria racional que, assim como um homem tem um cérebro em ambos os lados, ele deveria ter um coração em ambos os lados. No entanto, homens da ciência ainda estão organizando expedições para encontrar o Polo Norte porque são tão apaixonados por regiões sem vida. Homens da ciência também ainda estão organizando expedições para encontrar o coração de um homem; e, quando tentam encontrá-lo, geralmente acabam no lado errado.

Agora, o verdadeiro discernimento ou inspiração é mais bem testado ao se verificar se ele adivinha essas deformações ocultas ou surpreendentes. Se nosso matemático da Lua visse os dois braços e as duas orelhas, poderia deduzir as duas omoplatas e as duas metades do cérebro. Mas, se adivinhasse que o coração do homem estava no lado direito,

Os paradoxos do cristianismo

então eu o chamaria de mais do que um matemático. Agora, essa é exatamente a alegação que desde então passei a defender para o cristianismo. Não apenas que deduz verdades lógicas, mas que, quando subitamente se torna ilógico, encontra, por assim dizer, uma verdade ilógica. Ele não só acerta as coisas, mas erra (se assim podemos dizer) exatamente onde as coisas erram. Seu plano se ajusta às irregularidades secretas e espera pelo inesperado. É simples quanto à verdade simples; mas é teimoso quanto à verdade sutil. Admitirá que um homem tem duas mãos, mas não admitirá (embora todos os modernistas lamentem) a óbvia dedução de que tem dois corações. Meu único propósito neste capítulo é apontar isto: mostrar que sempre que sentimos haver algo estranho na teologia cristã, geralmente descobriremos que há algo estranho na verdade.

Fiz alusão a uma frase sem sentido que diz que não é possível acreditar em tal credo em nossa era. Claro que é possível acreditar em qualquer coisa em qualquer época. Mas, curiosamente, há de fato um sentido em que um credo, se for mesmo crível, é passível de uma crença mais firme em uma sociedade complexa do que em uma simples. Se um homem descobre que o cristianismo é verdadeiro em Birmingham, ele tem, na verdade, razões mais claras para a fé do que se o descobrisse verdadeiro em Mércia. Pois, quanto mais complicada parece a coincidência, menos ela pode ser uma coincidência. Se flocos de neve caíssem na forma, digamos, do coração de Midlothian, poderia ser um acidente. Mas, se flocos de neve caíssem na forma exata do labirinto de Hampton Court, acho que poderíamos chamá-los de milagres. É exatamente como um milagre desses que comecei a perceber na filosofia do cristianismo. A complicação do nosso mundo moderno prova a verdade do credo mais perfeitamente do que qualquer dos problemas simples das eras de fé. Foi em Notting Hill e Battersea que comecei a perceber que o cristianismo era verdadeiro. É por isso que a fé tem essa elaboração de doutrinas e detalhes que tanto angustia aqueles que admiram o cristianismo sem acreditar nele. Quando se acredita em um credo, sente-se orgulho de sua complexidade, assim como os cientistas se orgulham da complexidade da ciência. Isso mostra quão rico ele é em descobertas. Se está certo, é um elogio dizer que está elaboradamente certo. Um pedaço de pau pode se encaixar em um buraco ou uma pedra em uma cavidade por acidente. Mas uma chave e uma fechadura são ambas complexas. E, se uma chave se encaixa em uma fechadura, você sabe que é a chave certa.

Mas essa precisão envolvida na coisa torna muito difícil fazer o que agora tenho que fazer: descrever essa acumulação de verdade. É muito difícil para um homem defender algo do qual ele está inteiramente convencido. É comparativamente fácil quando ele está apenas parcialmente convencido. Ele está parcialmente convencido porque encontrou esta ou aquela prova da coisa e pode expô-la. Mas um homem não está de fato convencido de uma teoria filosófica quando descobre que algo a prova. Ele só está de fato convencido quando descobre que tudo a prova. E, quanto mais razões convergentes ele encontra apontando para essa convicção, mais confuso ele fica se lhe pedirem de repente para resumi-las. Assim, se alguém perguntasse a um homem comum e inteligente, no calor do momento, "Por que você prefere a civilização à selvageria?", ele olharia em volta com desespero para objeto após objeto e só conseguiria responder vagamente: "Bem, há aquela estante de livros... e o

Os paradoxos do cristianismo

carvão no carvoeiro... e pianos... e policiais." Todo o argumento a favor da civilização é que o argumento a favor dela é complexo. Ela fez tantas coisas. Mas essa mesma multiplicidade de provas que deveria tornar a resposta esmagadora torna-a impossível. Há, portanto, em toda convicção completa uma espécie de enorme impotência. A crença é tão grandiosa que se leva muito tempo para colocá-la em ação. E essa hesitação surge, curiosamente, sobretudo de uma indiferença quanto a por onde se deve começar. Todos os caminhos levam a Roma, o que é uma das razões pelas quais muitas pessoas nunca chegam lá. No caso dessa defesa da convicção cristã, confesso que poderia começar o argumento com qualquer coisa; poderia começar com um nabo ou com um táxi. Mas, se devo ser minimamente cuidadoso em me fazer entender, será mais sensato continuar os argumentos do último capítulo, que tratava de expor a primeira dessas coincidências místicas, ou melhor, ratificações. Tudo o que eu tinha ouvido até então sobre a teologia cristã me afastava dela. Eu era pagão aos doze anos e um completo agnóstico aos dezesseis e não consigo entender alguém passar dos dezessete sem ter se feito uma pergunta tão simples. De fato, mantive uma reverência vaga por uma deidade cósmica e um grande interesse histórico pelo Fundador do cristianismo. Mas certamente o considerava um homem, embora talvez pensasse que, até mesmo nesse ponto, ele tinha uma vantagem sobre alguns de seus críticos modernos. Li a literatura científica e cética da minha época — tudo o que pude encontrar disponível em inglês —, e não li mais nada; quero dizer, não li mais nada com outra abordagem filosófica. As histórias sensacionalistas que também li estavam, na verdade, em uma tradição saudável e heroica do cristianismo, mas eu não sabia disso na época. Nunca li uma linha de apologética cristã. Leio o mínimo possível agora. Foram Huxley, Herbert Spencer e Bradlaugh[1] que me trouxeram de volta à teologia ortodoxa. Eles plantaram em minha mente minhas primeiras dúvidas ferozes sobre a dúvida. Nossas avós estavam absolutamente certas quando diziam que Tom Paine[2] e os livres-pensadores desestabilizavam a mente. Eles desestabilizam. Desestabilizaram a minha de maneira temerosa. Os racionalistas me fizeram questionar se a razão tinha alguma utilidade, e, quando terminei de ler Herbert Spencer, cheguei ao ponto de duvidar (pela primeira vez) se a evolução havia realmente ocorrido. Ao terminar a última das palestras ateístas do Coronel Ingersoll,[3] o terrível pensamento me veio à mente: "Quase me persuades a ser cristão."[4] Eu estava em uma situação desesperadora.

Esse efeito estranho dos grandes agnósticos em despertar dúvidas mais profundas do que as deles mesmos poderia ser ilustrado de várias maneiras. Tomo apenas uma. Enquanto lia e relia todos os relatos não cristãos ou anticristãos da fé, de Huxley a Bradlaugh, uma impressão lenta e terrível cresceu gradualmente, mas de forma vívida, em

---

1 Refere-se, na ordem, a Aldous Huxley (romancista inglês, autor de *Admirável mundo novo*), Herbert Spencer (filósofo britânico que popularizou a teoria da sobrevivência social dos mais fortes) e Charles Bradlaugh (ativista político e defensor dos direitos das mulheres).
2 Thomas Paine foi um filósofo e escritor anglo-estadunidense, conhecido pela abordagem racionalista do pensamento.
3 Robert G. Ingersoll foi um orador, advogado e pensador liberal estadunidense, famoso por suas defesas fervorosas do secularismo, da ciência e do livre-pensamento no século XIX.
4 Alusão a Atos dos Apóstolos 26:28.

Os paradoxos do cristianismo

minha mente — a impressão de que o cristianismo deve ser uma coisa extraordinária. Pois não apenas (como entendi) o cristianismo tinha os vícios mais ardentes, mas aparentava ter um talento místico para combinar vícios que pareciam incompatíveis entre si. Ele era atacado de todos os lados e por todas as razões contraditórias. Mal um racionalista demonstrava uma posição muito a leste, outro demonstrava com igual clareza uma posição muito a oeste. Mal minha indignação se acalmava diante de sua angularidade e agressividade, eu era mais uma vez convocado a notar e condenar sua enervante e sensual redondeza. Caso algum leitor não tenha compreendido o que quero dizer, darei alguns exemplos, conforme me lembro, dessa autocontradição no ataque cético. Darei quatro ou cinco deles; há cinquenta mais.

Assim, por exemplo, fiquei muito comovido com o ataque eloquente ao cristianismo enquanto algo da melancolia desumana, pois eu pensava (e ainda penso) que o pessimismo sincero é o pecado imperdoável. O pessimismo insincero é uma habilidade social, mais agradável do que qualquer outra coisa; e, felizmente, quase todo pessimismo é insincero. Mas, se o cristianismo era, como essas pessoas diziam, uma coisa puramente pessimista e oposta à vida, então eu estava totalmente preparado para explodir a Catedral de Saint Paul. Mas o extraordinário é isto. Eles me provaram no Capítulo 1 (para minha completa satisfação) que o cristianismo era pessimista demais; e então, no Capítulo 2, começaram a provar que ele era otimista demais. Uma acusação contra o cristianismo era que ele impedia os homens com lágrimas mórbidas e terrores de buscar alegria e liberdade no seio da Natureza. Mas outra acusação era que ele confortava os homens com uma providência fictícia e os colocava em um berçário cor-de-rosa. Um grande agnóstico perguntava por que a Natureza não era bela o suficiente e por que era difícil ser livre. Outro grande agnóstico objetava que o otimismo cristão, "o manto de faz de conta tecido por mãos piedosas", nos escondia o fato de que a Natureza era feia e que era impossível ser livre. Um racionalista mal havia terminado de chamar o cristianismo de pesadelo quando outro começou a chamá-lo de paraíso dos tolos. Isso me deixou perplexo; as acusações pareciam inconsistentes. O cristianismo não poderia ser, ao mesmo tempo, a máscara preta em um mundo branco e também a máscara branca em um mundo preto. A condição do cristão não poderia ser, ao mesmo tempo, tão confortável a ponto de torná-lo um covarde por se apegar a ela e tão desconfortável a ponto de torná-lo um tolo por suportá-la. Se falsificasse a visão humana, deveria falsificá-la de uma forma ou de outra; não poderia usar óculos verdes e cor-de-rosa simultaneamente. Eu saboreava com uma terrível alegria, como todos os jovens daquela época, as provocações que o poeta Swinburne lançou contra a tristeza do credo:

> Tu conquistaste, ó pálido Galileu, o mundo tornou-se cinza com teu sopro.

Mas, quando li os relatos do mesmo poeta sobre o paganismo (como em "Atalanta"), concluí que o mundo era, se possível, mais cinza antes de o Galileu soprar sobre ele do que depois. O poeta afirmava, de fato, em termos abstratos que a própria vida era completamente sombria. E, no entanto, de alguma forma, o cristianismo a havia escurecido ainda mais. O mesmo homem que denunciava o cristianismo por seu

Os paradoxos do cristianismo

pessimismo era, ele próprio, um pessimista. Achei que havia algo errado. E, por um momento de loucura, ocorreu-me que talvez não fossem exatamente os melhores juízes da relação entre religião e felicidade aqueles que, por suas próprias palavras, não tinham nem uma nem outra.

É preciso entender que não concluí precipitadamente que as acusações eram falsas ou que os acusadores fossem tolos. Apenas deduzi que o cristianismo devia ser algo ainda mais estranho e perverso do que eles retratavam. Uma coisa poderia ter esses dois vícios opostos, mas deveria ser algo bastante estranho se fosse assim. Um homem poderia ser gordo demais em um lugar e magro demais em outro, mas teria uma forma curiosa. Nesse ponto, meus pensamentos se limitavam à forma curiosa da religião cristã; eu não alegava nenhuma forma estranha na mente racionalista.

Aqui está outro caso do mesmo tipo. Senti que um argumento forte contra o cristianismo residia na acusação de que havia algo tímido, monástico e pouco viril em tudo o que se chama de "cristão", especialmente em sua atitude em relação à resistência e à luta. Os grandes céticos do século XIX eram, em sua maioria, viris. Bradlaugh, de forma expansiva, e Huxley, de forma reservada, eram decididamente homens. Em comparação, parecia viável que havia algo fraco e demasiado paciente nos conselhos cristãos. O paradoxo evangélico sobre a outra face, o fato de que os padres nunca lutavam, uma centena de coisas tornavam plausível a acusação de que o cristianismo era uma tentativa de tornar um homem demasiado semelhante a uma ovelha. Li isso, acreditei e, se não tivesse lido nada diferente, teria continuado a acreditar. Mas li algo muito diferente. Virei a próxima página no meu manual agnóstico, e meu cérebro se virou de cabeça para baixo. Agora descobri que deveria odiar o cristianismo, não por lutar pouco, mas por lutar demais. O cristianismo, ao que parecia, era a mãe das guerras. O cristianismo havia inundado o mundo com sangue. Eu tinha ficado bastante irritado com o cristão porque ele nunca ficava irritado. E agora me diziam para ficar irritado com ele porque sua ira tinha sido a coisa mais enorme e horrível da história humana, porque sua ira havia encharcado a terra e fumegado até o Sol. As mesmas pessoas que censuravam o cristianismo pela mansidão e não resistência dos mosteiros eram as que também o censuravam pela violência e bravura das Cruzadas. De alguma forma, o pobre e velho cristianismo era culpado tanto por Eduardo, o Confessor, não ter lutado quanto por Ricardo Coração de Leão ter lutado. Diziam-nos que os quacres eram os únicos cristãos típicos; e, no entanto, os massacres de Cromwell e de Alva eram crimes cristãos típicos. O que tudo isso poderia significar? O que era esse cristianismo que sempre proibia a guerra e sempre produzia guerras? Qual poderia ser a natureza da coisa que alguém poderia criticar primeiro porque não lutava e, em seguida, porque estava sempre lutando? Em que mundo de enigmas nasceu esse monstruoso assassinato e essa monstruosa mansidão? A forma do cristianismo ficava cada vez mais estranha a cada instante.

Vou abordar um terceiro caso, o mais estranho de todos porque envolve a única objeção real à fé. A única objeção real à religião cristã é simplesmente que ela é uma religião. O mundo é um lugar grande, cheio de muitos tipos diferentes de pessoas. O cristianismo (pode-se dizer com razoabilidade) é uma coisa restrita a um tipo de pessoa; começou na Palestina e praticamente se restringiu à Europa. Fiquei

Os paradoxos do cristianismo

devidamente impressionado com esse argumento na minha juventude e fui muito atraído pela doutrina pregada com frequência em Sociedades Éticas[5] — quero dizer, a doutrina de que há uma grande igreja inconsciente de toda a humanidade, fundada na onipresença da consciência humana. Dizia-se que os credos dividiam os homens, mas, pelo menos, a moral os unia. A alma poderia buscar as terras e eras mais estranhas e remotas e ainda assim encontrar o bom senso ético essencial. Poderia encontrar Confúcio sob árvores orientais, e ele estaria escrevendo "Não furtarás". Poderia decifrar o hieróglifo mais obscuro no deserto mais primitivo, e o significado, quando decifrado, seria "Os meninos devem dizer a verdade". Eu acreditava nessa doutrina da fraternidade de todos os homens na posse de um senso moral, e ainda acredito — além de outras coisas. E fiquei completamente irritado com o cristianismo por sugerir (como eu supunha) que eras e impérios inteiros de homens tinham escapado totalmente dessa luz de justiça e razão. Mas então descobri algo surpreendente. Descobri que as mesmas pessoas que diziam que a humanidade era uma igreja de Platão a Emerson eram as mesmas que diziam que a moralidade havia mudado completamente, e que o que era certo em uma época era errado em outra. Se eu pedisse, por exemplo, um altar, diziam-me que não precisávamos de nenhum, pois nossos irmãos, os homens, nos deram oráculos claros e um credo em seus costumes e ideais universais. Mas, se eu apontasse, com delicadeza, que um dos costumes universais dos homens era ter um altar, então meus mestres

---

5 Alusão a Felix Adler, filósofo e educador estadunidense fundador da primeira Sociedade Ética em 1876 em Nova York.

Ortodoxia

agnósticos mudavam completamente e me diziam que os homens sempre estiveram na escuridão e nas superstições dos selvagens. Descobri ser o escárnio diário deles contra o cristianismo que ele era a luz de um povo e deixara todos os outros morrerem na escuridão. Mas também descobri que era a vanglória especial deles dizer que a ciência e o progresso tinham sido descobertas de um povo e que todos os outros povos haviam morrido na escuridão. Seu maior insulto ao cristianismo era, na verdade, seu maior elogio a si mesmos, e parecia haver uma estranha injustiça em toda aquela insistência relativa nas duas coisas. Quando se considerava algum pagão ou agnóstico, devíamos lembrar que todos os homens tinham uma religião; ao considerar algum místico ou espiritualista, devíamos apenas considerar quão absurdas eram as religiões de alguns homens. Podíamos confiar na ética de Epiteto porque a ética nunca havia mudado. Não devíamos confiar na ética do bispo francês Bossuet porque a ética havia mudado. Mudou em duzentos anos, mas não em dois mil.

Isso começou a ser alarmante. Não parecia tanto que o cristianismo fosse ruim o suficiente para incluir qualquer vício, mas sim que qualquer argumento servia para atacar o cristianismo. Que tipo de coisa extraordinária poderia ser essa que as pessoas estavam tão ansiosas para contradizer a ponto de, ao fazê-lo, não se importarem em se contradizer a si mesmas? Vi a mesma coisa de todos os lados. Não posso dedicar mais espaço a essa discussão em detalhes; mas, para que ninguém pense que escolhi três casos acidentais de forma injusta, irei percorrer brevemente alguns outros. Assim, certos céticos escreveram que o grande crime do cristianismo foi seu ataque à família; ele arrastou as

Os paradoxos do cristianismo

mulheres para a solidão e a contemplação do claustro, afastando-as de seus lares e filhos. Mas, então, outros céticos (um pouco mais avançados) disseram que o grande crime do cristianismo foi nos forçar à família e ao casamento, que condenou as mulheres à labuta de seus lares e filhos e lhes negou a solidão e a contemplação. A acusação foi, na verdade, invertida. Ou, novamente, certas frases das Epístolas ou da liturgia de casamento foram usadas pelos anticristãos para mostrar desprezo pelo intelecto da mulher. Mas descobri que os próprios anticristãos desprezavam o intelecto feminino, pois era sua grande zombaria contra a Igreja no continente que "apenas mulheres" a frequentavam. Ou, ainda, o cristianismo era criticado por seus hábitos de pobreza e austeridade, por seus cilícios e suas ervilhas secas. Mas, no momento seguinte, o cristianismo era criticado por sua pompa e seu ritualismo, seus altares de pórfiro e suas vestes de ouro. Era criticado por ser simples demais e por ser colorido demais. Mais uma vez, o cristianismo sempre foi acusado de reprimir a sexualidade em excesso até que Bradlaugh, o malthusiano, descobriu que a reprimia de menos. Frequentemente é acusado, na mesma frase, de respeitabilidade excessiva e de extravagância religiosa. Entre as capas do mesmo panfleto ateísta, encontrei a fé repreendida por sua desunião, "Um pensa uma coisa, outro pensa outra", e também por sua união, "É a diferença de opinião que impede o mundo de ir para o fundo do poço". Na mesma conversa, um livre-pensador, amigo meu, criticou o cristianismo por desprezar os judeus e, em seguida, desprezou-o ele próprio por ser judaico.

Queria ser bastante justo naquela época e desejo ser bastante justo agora; e não concluí que o ataque ao cristianismo estava completamente errado. Apenas concluí que, se o cristianismo estivesse errado, estaria muito errado mesmo. Tais horrores hostis poderiam ser combinados em uma coisa só, mas essa coisa devia ser muito estranha e solitária. Há homens que são avarentos e também pródigos, mas são raros. Há homens sensuais e também ascetas, mas são raros. Mas, se essa massa de contradições insanas realmente existisse — quacre e sanguinária; demasiado luxuosa e demasiado esfarrapada; austera, mas luxuriosa; inimiga das mulheres e seu refúgio tolo; uma pessimista solene e uma otimista insensata —, se esse mal existisse, então havia nele algo bastante supremo e único. Pois não encontrei em meus mestres racionalistas nenhuma explicação para tamanha corrupção excepcional. O cristianismo (teoricamente falando) era, aos olhos deles, apenas um dos mitos e erros comuns dos mortais. Eles não me deram nenhuma chave para entender essa perversidade distorcida e antinatural. Tal paradoxo do mal elevou-se à estatura do sobrenatural. Era, de fato, quase tão sobrenatural quanto a infalibilidade do Papa. Uma instituição histórica que nunca acerta é realmente tão milagrosa quanto uma instituição que não pode errar. A única explicação que me ocorreu de imediato foi que o cristianismo não veio do céu, mas do inferno. De fato, se Jesus de Nazaré não era Cristo, Ele devia ter sido o Anticristo.

 E então, em uma hora tranquila, um pensamento estranho me atingiu como um raio silencioso. De repente, me veio à mente outra explicação. Suponhamos que ouvíssemos um homem desconhecido ser descrito por várias pessoas. Suponhamos que ficássemos intrigados ao ouvir que alguns diziam que ele era alto demais e outros, baixo demais; alguns criticavam sua gordura, outros lamentavam sua magreza;

Os paradoxos do cristianismo

alguns achavam sua pele muito escura, e outros, muito clara. Uma explicação (como já foi reconhecido) seria que ele talvez tivesse uma forma estranha. Mas há outra explicação. Ele poderia estar na forma certa. Homens extraordinariamente altos poderiam considerá-lo baixo. Homens muito baixos poderiam considerá-lo alto. Velhos cavalheiros que estão engordando poderiam achá-lo insuficientemente corpulento; velhos elegantes que estão emagrecendo poderiam pensar que ele extrapolava as linhas estreitas da elegância. Talvez suecos (que têm cabelos pálidos como estopa) julgassem sua pele escura, enquanto negros o considerassem distintamente loiro. Talvez (em resumo) essa coisa extraordinária seja realmente o comum; pelo menos a coisa normal, o centro. Talvez, afinal, seja o cristianismo são e todos os seus críticos, loucos — de maneiras variadas. Testei essa ideia perguntando a mim mesmo se havia, em qualquer dos acusadores, algo mórbido que pudesse explicar a acusação. Fiquei surpreso ao descobrir que essa chave encaixava numa fechadura. Por exemplo, era certamente estranho que o mundo moderno acusasse o cristianismo ao mesmo tempo de austeridade corporal e pompa artística. Mas então também era estranho, muito estranho, que o mundo moderno combinasse luxo material extremo com uma ausência extrema de pompa artística. O homem moderno achava as vestes de Tomás Becket ricas demais, e suas refeições, pobres demais. Mas, então, o homem moderno era realmente uma exceção na história; nenhum homem antes dele jamais comeu jantares tão elaborados usando roupas tão feias. O homem moderno achava a igreja simples demais exatamente onde a vida moderna era complexa demais; achava a igreja exuberante demais exatamente onde a vida moderna era desbotada demais. O homem que não gostava dos jejuns e festas simples era obcecado por entradas elaboradas. O homem que não gostava dos paramentos vestia um par de calças ridículas. E certamente, se havia alguma insanidade envolvida no assunto, ela estava nas calças, não na simples túnica caída. Se havia alguma insanidade, estava nas entradas extravagantes, não no pão e no vinho. Revisei todos os casos e descobri que a chave se encaixava até então. O fato de Swinburne[6] se irritar com a infelicidade dos cristãos e ainda mais com a felicidade deles era facilmente explicado. Não era mais uma complexidade de doenças no cristianismo, mas uma complexidade de doenças em Swinburne. As restrições dos cristãos o entristeciam apenas porque ele era mais hedonista do que um homem saudável deveria ser. A fé dos cristãos o irritava porque ele era mais pessimista do que um homem saudável deveria ser. Da mesma forma, os malthusianos atacavam o cristianismo por instinto não porque haja algo especialmente antimalthusiano no cristianismo, mas porque há algo um pouco desumano no malthusianismo.[7]

No entanto, eu sentia que não poderia ser a verdade completa que o cristianismo fosse apenas sensato e permanecesse no meio-termo. Havia realmente um elemento de ênfase e até de frenesi que justificava a crítica superficial dos

---

6 Algernon Charles Swinburne foi um poeta, dramaturgo e crítico literário inglês, conhecido por sua poesia lírica e controversa, que frequentemente explorava temas como o anticlericalismo e a liberdade individual.

7 O malthusianismo é uma teoria proposta por Thomas Malthus, que sugere que o crescimento populacional tende a superar a produção de alimentos, levando a crises como fome e pobreza, a menos que o crescimento populacional seja controlado por meios naturais ou voluntários.

Os paradoxos do cristianismo

secularistas. Talvez fosse sábio, eu começava cada vez mais a pensar que era sábio, mas não era meramente sábio em termos mundanos; não era apenas moderado e respeitável. Seus cruzados ferozes e santos humildes poderiam se equilibrar mutuamente; ainda assim, os cruzados eram muito ferozes, e os santos eram muito humildes, humildes além de toda decência. Agora, foi justamente nesse ponto da especulação que me lembrei dos meus pensamentos sobre o mártir e o suicida. Nesse assunto, houve essa combinação entre duas posições quase insanas que, de alguma forma, resultavam em sanidade. Essa era exatamente outra contradição, e isso eu já havia constatado como sendo verdadeiro. Esse era exatamente um dos paradoxos em que os céticos consideravam o credo errado, e nesse ponto eu o havia considerado certo. Por mais louco que fosse o amor dos cristãos pelo mártir ou seu ódio pelo suicida, nunca sentiram essas paixões de forma mais louca do que eu já as havia sentido muito antes de sonhar com o cristianismo. Então, abriu-se a parte mais difícil e interessante do processo mental, e comecei a investigar essa ideia de maneira obscura por todos os enormes pensamentos de nossa teologia. A ideia era aquela que eu havia delineado a respeito do otimista e do pessimista; que não queremos uma fusão ou compromisso, mas ambas as coisas no auge de sua energia; amor e ira, ambos ardentes. Aqui, traçarei essa ideia apenas em relação à ética. Mas não preciso lembrar ao leitor que a ideia dessa combinação é verdadeiramente central na teologia ortodoxa. Pois a teologia ortodoxa insistiu especialmente que Cristo não era um ser à parte de Deus e do homem, como um elfo, nem um ser meio humano e metade outra coisa, como um centauro, mas ambas as coisas ao mesmo tempo e ambas as coisas por completo: plenamente homem e plenamente Deus.[8] Agora me deixe rastrear essa noção como eu a descobri.

Todos os homens sãos podem ver que a sanidade é algum tipo de equilíbrio, que alguém pode ser louco e comer demais ou louco e comer de menos. Alguns modernos realmente surgiram com versões vagas de progresso e evolução que buscam destruir o MESON ou equilíbrio de Aristóteles. Eles parecem sugerir que devemos passar fome progressivamente ou continuar comendo cafés da manhã cada vez maiores todas as manhãs para sempre. Mas o grande truísmo do MESON permanece para todos os homens pensantes, e essas pessoas não perturbaram nenhum equilíbrio, exceto o próprio. No entanto, sendo certo que todos devemos manter um equilíbrio, o verdadeiro interesse surge com a questão de como esse equilíbrio pode ser mantido. Esse foi o problema que o paganismo tentou resolver: esse foi o problema que, creio eu, o cristianismo resolveu, e resolveu de uma maneira muito estranha.

O paganismo declarava que a virtude estava no equilíbrio; o cristianismo declarava que estava em um conflito: a colisão de duas paixões aparentemente opostas. Claro, elas não eram inconsistentes de verdade, mas eram de tal natureza que era difícil mantê-las simultaneamente. Sigamos por um momento a pista do mártir e do suicida e tomemos o caso da coragem. Nenhuma qualidade jamais confundiu

---

8 O Credo de Calcedônia foi formulado no Concílio de Calcedônia em 451 d.C. para afirmar a natureza de Cristo como sendo plenamente divina e plenamente humana. Ele declara que Jesus Cristo é "verdadeiramente Deus e verdadeiramente homem" com duas naturezas, divina e humana, unidas de forma inseparável e sem confusão.

Os paradoxos do cristianismo

tanto as mentes e emaranhou as definições dos sábios puramente racionais. A coragem é quase uma contradição em termos. Significa um forte desejo de viver que assume a forma de uma disposição para morrer. "Aquele que perder a sua vida, este a salvará"[9] não é um fragmento de misticismo para santos e heróis. É um conselho cotidiano para marinheiros ou alpinistas. Poderia ser impresso em um guia alpino ou em um manual de treinamento. Esse paradoxo é todo o princípio da coragem, mesmo da coragem bastante terrena ou até brutal. Um homem encurralado pelo mar pode salvar a própria vida se estiver disposto a arriscá-la no precipício. Ele só pode se afastar da morte ao continuamente passar a poucos centímetros dela. Um soldado cercado por inimigos, se quiser abrir caminho para escapar, precisa combinar um forte desejo de viver com uma estranha indiferença em relação à morte. Não deve apenas se agarrar à vida, pois então será um covarde e não escapará. Não deve apenas esperar pela morte, pois então será um suicida e não escapará. Deve buscar sua vida com um espírito de indiferença furiosa em relação a ela; deve desejar a vida como se fosse água e, ao mesmo tempo, beber a morte como se fosse vinho. Nenhum filósofo, creio eu, jamais expressou esse enigma romântico com a devida clareza, e certamente eu também não o fiz. Mas o cristianismo fez mais: ele marcou esses limites nas terríveis sepulturas do suicida e do herói mostrando a distância entre aquele que morre pelo bem de viver e aquele que morre pelo bem de morrer. E, desde então, ergueu acima das lanças europeias o estandarte do mistério da cavalaria: a coragem

---

9 Alusão a Mateus 16:25; Marcos 8:35; Lucas 9:24.

cristã, que é o desprezo da morte; não a coragem chinesa, que é o desprezo da vida.[10] E então comecei a perceber que essa paixão dupla era a chave cristã para a ética em todos os lugares. Em toda parte, o credo fazia uma moderação surgir do choque silencioso de duas emoções impetuosas. Tome, por exemplo, a questão da modéstia, do equilíbrio entre o mero orgulho e a mera prostração. O pagão médio, como o agnóstico médio, diria apenas que estava satisfeito consigo mesmo, mas não insolentemente autossatisfeito; que havia muitos melhores e muitos piores, que os próprios méritos eram limitados, mas que ele se certificaria de obtê-los. Em resumo, ele andaria com a cabeça erguida, mas não necessariamente com o nariz empinado. Essa é uma posição viril e racional, mas está sujeita à objeção que apontamos contra o compromisso entre otimismo e pessimismo — a "resignação" de Matthew Arnold. Sendo uma mistura de duas coisas, é uma diluição de duas coisas; nenhuma delas está presente em sua plena força ou contribui com toda sua cor. Esse orgulho adequado não eleva o coração como o toque das trombetas; não se pode vestir-se de escarlate e ouro por causa disso. Por outro lado, essa modéstia racionalista moderada não purifica a alma com fogo e não a torna clara como cristal; não faz (como uma rigorosa e minuciosa humildade) de um homem uma criança pequena que pode sentar-se aos pés da relva. Não o faz olhar para cima e ver maravilhas, pois Alice deve se tornar pequena se quiser ser Alice no País das Maravilhas. Assim, perde-se tanto a poesia de ser orgulhoso

---

10 A expressão "coragem chinesa" pode ser associada a filosofias orientais, como o taoísmo e o budismo, que enfatizam a aceitação do ciclo natural da vida e da morte.

Os paradoxos do cristianismo

quanto a poesia de ser humilde. O cristianismo buscou, por esse mesmo estranho expediente, salvar ambas. Ele separou as duas ideias e, então, as exagerou. De um lado, o Homem deveria ser mais altivo do que jamais fora; de outro, deveria ser mais humilde do que jamais fora. Na medida em que sou Homem, sou a maior das criaturas. Na medida em que sou um homem, sou o maior dos pecadores. Toda humildade que significava pessimismo, que significava que o homem tinha uma visão vaga ou mesquinha de todo o seu destino — tudo isso deveria desaparecer. Não ouviríamos mais o lamento de Eclesiastes de que a humanidade não tinha preeminência sobre a besta,[11] nem o terrível grito de Homero de que o homem era apenas o mais triste de todos os animais do campo. O Homem era uma estátua de Deus andando pelo jardim. O Homem tinha preeminência sobre todas as bestas; o homem não era triste apenas por ser uma besta, mas um deus quebrado. O grego havia falado dos homens rastejando sobre a terra como se se agarrassem a ela.[12] Agora, o Homem deveria pisar a terra como se quisesse subjugá-la. Assim, o cristianismo mantinha uma ideia da dignidade do Homem que só poderia ser expressa em coroas radiantes como o Sol e leques de plumas de pavão. No entanto, ao mesmo tempo, sustentava uma ideia sobre a pequenez abjeta do homem que só poderia ser expressa em jejuns e submissão fantástica, nas cinzas opacas de Domingos de Gusmão e nas neves brancas de Bernardo de Claraval. Quando se tratava de pensar sobre SI MESMO,

---

11 Alusão a Eclesiastes 3:19.
12 A frase parece ser uma alusão a ideias da filosofia ou literatura grega antiga. Possíveis fontes incluem Platão, em *República* (Livro X, 616B) e *Fedro* (230C); Aristóteles, em *História dos animais* (Livro VIII, 11, 588a); Sófocles, em *Édipo rei* (verso 1186); e Heráclito, no "Fragmento 45" (Diels-Kranz).

havia vista e vazio suficientes para qualquer quantidade de sombria abnegação e amarga verdade. Ali, o cavalheiro realista podia se soltar — contanto que se soltasse em si mesmo. Havia um campo aberto para o pessimista feliz. Que ele dissesse qualquer coisa contra si mesmo, exceto blasfemar contra o propósito original de seu ser; que ele se chamasse de tolo e até mesmo de tolo amaldiçoado (embora isso seja calvinista); mas ele não devia dizer que não vale a pena salvar os tolos. Ele não devia dizer que um homem, ENQUANTO homem, pode ser sem valor. Aqui, novamente, em resumo, o cristianismo superou a dificuldade de combinar opostos furiosos mantendo ambos, e mantendo ambos furiosos. A Igreja era positiva em ambos os pontos. É quase impossível subestimar a si mesmo. É quase impossível superestimar a própria alma.

Vamos considerar outro caso: a complicada questão da caridade, que alguns idealistas pouquíssimo caridosos parecem achar bastante simples. A caridade é um paradoxo, assim como a modéstia e a coragem. Declarada de forma direta, a caridade certamente significa uma de duas coisas: perdoar atos que são imperdoáveis ou amar pessoas que não são amáveis. Mas, se nos perguntarmos (como fizemos no caso do orgulho) como um pagão sensato se sentiria em relação a tal assunto, provavelmente estaríamos começando pelo ponto mais baixo. Um pagão sensato diria que havia algumas pessoas que se podia perdoar, e outras que não: um escravo que roubasse vinho poderia ser motivo de riso; um escravo que traísse seu benfeitor poderia ser morto e amaldiçoado mesmo depois de morto. Na medida em que o ato era perdoável, o homem era perdoável. Isso, novamente, é racional e até revigorante, mas é uma diluição. Não deixa espaço para um puro horror à injustiça, o que é uma grande virtude no inocente. E não

Os paradoxos do cristianismo

deixa espaço para uma mera ternura pelos homens enquanto homens, que é todo o fascínio do caridoso. O cristianismo entrou aqui como antes. Entrou de forma surpreendente com uma espada e dividiu uma coisa da outra. Separou o crime do criminoso. Ao criminoso devemos perdoar até setenta vezes sete. Ao crime não devemos perdoar de forma alguma. Não era suficiente que escravos afanadores de vinho inspirassem parcialmente raiva e parcialmente bondade. Precisamos ficar muito mais irados com o roubo do que antes, e ainda assim muito mais gentis com os ladrões do que antes. Havia espaço para a ira e o amor se manifestarem livremente. E, quanto mais eu considerava o cristianismo, mais eu descobria que, embora ele tivesse estabelecido uma regra e uma ordem, o objetivo principal dessa ordem era dar espaço para que as coisas boas se manifestassem livremente.

As liberdades mental e emocional não são tão simples quanto parecem. Na verdade, elas exigem quase o mesmo equilíbrio cuidadoso de leis e condições que as liberdades social e política. O anarquista estético comum, que se propõe a sentir tudo livremente, acaba preso em um paradoxo que o impede de sentir qualquer coisa. Ele rompe com os limites do lar para seguir a poesia. Mas, ao deixar de sentir os limites do lar, ele deixou de sentir a *Odisseia*. Ele está livre de preconceitos nacionais e fora do patriotismo. Mas, estando fora do patriotismo, ele está fora de *Henrique V*.[13] Esse homem literário está simplesmente fora de toda a literatura: ele é mais prisioneiro do que qualquer fanático.

---

13 Refere-se à peça de William Shakespeare que retrata o rei Henrique V da Inglaterra e suas campanhas militares, especialmente a Batalha de Azincourt. A peça celebra o patriotismo e a liderança de Henrique, sendo um símbolo do espírito nacional inglês.

Pois, se há uma parede entre você e o mundo, faz pouca diferença se você se descreve como preso do lado de dentro ou preso do lado de fora. O que queremos não é a universalidade que está fora de todos os sentimentos normais; queremos a universalidade que está dentro de todos os sentimentos normais. É toda a diferença entre estar livre deles, como um homem está livre de uma prisão, e estar livre neles, como um homem está livre de uma cidade. Estou livre do Castelo de Windsor (ou seja, não estou detido lá à força), mas de forma alguma sou livre desse edifício. Como pode o homem ser aproximadamente livre das emoções nobres, capaz de manuseá-las em um espaço aberto sem quebrá-las ou distorcê-las? Isso foi a realização desse paradoxo cristão das paixões paralelas. Admitido o dogma primário da guerra entre o divino e o diabólico, da revolta e ruína do mundo, seu otimismo e pessimismo, como pura poesia, poderiam irromper como cataratas.

Francisco de Assis, ao louvar todo o bem, poderia ser um otimista mais exaltado do que Walt Whitman. Jerônimo, ao denunciar todo o mal, poderia pintar o mundo mais sombrio do que Schopenhauer. Ambas as paixões eram livres porque ambas estavam em seu devido lugar. O otimista podia derramar todo o louvor que desejasse sobre a alegre música da marcha, as trombetas douradas e as bandeiras púrpura a caminho da batalha. Mas ele não devia chamar a luta de desnecessária. O pessimista podia pintar de maneira sombria as marchas doentias ou as feridas sanguinolentas. Mas ele não devia chamar a luta de perdida. Assim era com todos os outros problemas morais: com o orgulho, com o protesto e com a compaixão. Ao definir sua doutrina principal, a Igreja não apenas manteve lado a lado coisas aparentemente inconsistentes, porém, mais do que isso, permitiu que elas

Os paradoxos do cristianismo

se manifestassem em uma espécie de violência artística de outra forma possível apenas para anarquistas. A mansidão tornou-se mais dramática do que a loucura. O cristianismo histórico elevou-se a um grande e estranho COUP DE THÉÂTRE da moralidade — coisas que são para a virtude o que os crimes de Nero são para o vício. Os espíritos de indignação e de caridade tomaram formas terríveis e atraentes, variando daquela ferocidade monástica que açoitou como um cão o primeiro e maior dos Plantagenetas[14] até a sublime piedade de Catarina de Siena,[15] que, no matadouro oficial, beijou a cabeça ensanguentada do criminoso. A poesia podia ser encenada, assim como composta. Esse modo heroico e monumental de agir na ética desapareceu inteiramente com a religião sobrenatural. Eles, sendo humildes, podiam se exibir, mas nós somos orgulhosos demais para sermos proeminentes. Nossos mestres éticos escrevem de forma razoável sobre a reforma prisional, mas não é provável que vejamos o sr. George Cadbury, ou qualquer filantropo eminente, entrar na prisão de Reading e abraçar o cadáver estrangulado antes de ser lançado na cal viva. Nossos mestres éticos escrevem de forma branda contra o poder dos milionários, mas não é provável que vejamos o sr. Rockefeller, ou qualquer tirano moderno, sendo publicamente açoitado na Abadia de Westminster.

---

14 Em 1174, Henrique II da Inglaterra foi submetido a uma penitência pública em Cantuária após o assassinato de Tomás Becket. Chesterton refere-se a essa humilhação em "açoitado como um cão", um exagero retórico que enfatiza a magnitude da submissão do monarca.
15 O episódio faz alusão à atitude de Catarina de Siena em relação a Niccolò di Toldo, um prisioneiro condenado à execução a quem Catarina confortou e deu apoio espiritual até o fim.

Assim, as acusações duplas dos secularistas, embora lançando nada além de escuridão e confusão sobre eles mesmos, lançam uma luz real sobre a fé. É verdade que a Igreja histórica enfatizou, ao mesmo tempo, o celibato e a família; teve, ao mesmo tempo (se assim se pode dizer), um posicionamento feroz a favor de ter filhos e um posicionamento feroz a favor de não ter filhos. Manteve esses ideais lado a lado como duas cores fortes, vermelho e branco, como o vermelho e o branco no escudo de Jorge da Capadócia. Sempre teve um ódio saudável pelo rosa. Odeia essa combinação de duas cores que é o expediente fraco dos filósofos. Odeia aquela evolução do preto para o branco que equivale a um cinza sujo. De fato, toda a teoria da Igreja sobre a virgindade poderia ser simbolizada pela afirmação de que o branco é uma cor: não meramente a ausência de cor. Tudo o que estou argumentando aqui pode ser expresso dizendo que o cristianismo buscou, na maioria desses casos, manter duas cores coexistentes, mas puras. Não é uma mistura como o castanho ou a púrpura; é mais como uma seda mesclada, pois uma seda mesclada está sempre em ângulos retos e no padrão da cruz.

Assim também ocorre, é claro, com as acusações contraditórias dos anticristãos sobre submissão e matança. É VERDADE que a Igreja disse a alguns homens para lutar e a outros para não lutar; e É VERDADE que aqueles que lutaram foram como relâmpagos e aqueles que não lutaram foram como estátuas. Tudo isso significa apenas que a Igreja preferia usar seus Super-Homens e seus tolstoianos. Deve haver ALGUM bem na vida de batalha, pois tantos homens bons gostaram de ser soldados. Deve haver ALGUM bem na ideia de não resistência, pois tantos homens bons parecem

Os paradoxos do cristianismo

gostar de ser quacres. Tudo o que a Igreja fez (quanto a isso) foi evitar que qualquer dessas boas coisas eliminasse a outra. Elas existiram lado a lado. Os tolstoianos, tendo todos os escrúpulos dos monges, simplesmente se tornaram monges. Os quacres tornaram-se um clube, em vez de se tornarem uma seita. Os monges disseram tudo o que Tolstói diz; derramaram lamentações lúcidas sobre a crueldade das batalhas e a vaidade da vingança. Mas os tolstoianos não são bem a escolha certa para governar o mundo todo, e nas eras da fé eles não foram autorizados a governá-lo. O mundo não perdeu a última investida de Sir James Douglas ou a bandeira de Joana, a Donzela. E às vezes essa pureza de gentileza e essa pureza de ferocidade se encontraram e justificaram sua união; o paradoxo de todos os profetas foi cumprido, e, na alma de Luís IX, o leão deitou-se com o cordeiro.[16] Mas lembrem-se de que esse texto é interpretado de forma muito leviana. É constantemente assegurado, sobretudo em nossas tendências tolstoianas, que, quando o leão se deita com o cordeiro, o leão se torna semelhante ao cordeiro. Entretanto, isso é anexação brutal e imperialismo por parte do cordeiro. Isso é simplesmente o cordeiro absorvendo o leão em vez de o leão comer o cordeiro. O verdadeiro problema é: pode o leão deitar-se com o cordeiro e ainda assim reter sua ferocidade real? ESSE é o problema que a Igreja tentou resolver; ESSE é o milagre que ela realizou.

Isto é o que eu chamei de adivinhar as excentricidades ocultas da vida. Isto é saber que o coração de um homem está à esquerda e não no centro. Isto é saber não apenas que a Terra é redonda, mas saber exatamente onde ela é plana. A

---

16 Alusão a Isaías 11:6.

doutrina cristã detectou as peculiaridades da vida. Ela não apenas descobriu a lei, mas previu as exceções. Subestimam o cristianismo aqueles que dizem que ele descobriu a misericórdia; qualquer um poderia descobrir a misericórdia. Na verdade, todos a descobriram. Mas descobrir um plano para ser misericordioso e também severo — ISSO foi antecipar uma necessidade estranha da natureza humana. Pois ninguém quer ser perdoado por um grande pecado como se fosse um pequeno. Qualquer um poderia dizer que não devemos ser nem completamente miseráveis nem completamente felizes. Mas descobrir até que ponto alguém PODE ser completamente miserável sem impossibilitar a felicidade completa — isso foi uma descoberta em psicologia. Qualquer um poderia dizer "Nem se vangloriar, nem rastejar", e isso seria um limite. Mas dizer: "Aqui você pode se vangloriar e ali você pode rastejar" — isso foi uma emancipação.

Esse era o grande fato sobre a ética cristã: a descoberta do novo equilíbrio. O paganismo era como uma coluna de mármore, ereta porque simetricamente proporcional. O cristianismo era como uma enorme rocha irregular e romântica, que, embora balance em seu pedestal com um toque, ainda assim, porque suas excrescências exageradas se equilibram com precisão, está entronizada ali por mil anos. Em uma catedral gótica, as colunas eram todas diferentes, mas todas necessárias. Cada suporte parecia um suporte acidental e fantástico; cada contraforte era um arcobotante. Assim, na cristandade, acidentes aparentes se equilibravam. Becket usava uma camisa de cilício sob seu ouro e púrpura, e há muito a se dizer sobre essa combinação, pois Becket obteve o benefício da camisa de cilício enquanto as pessoas nas ruas obtinham o benefício do ouro e da púrpura. Isso é pelo menos melhor do que o modo do milionário moderno, que tem o sombrio externamente para os outros, e o ouro junto ao coração. Mas o equilíbrio nem sempre estava no corpo de um só homem, como no de Becket; muitas vezes o equilíbrio estava distribuído por todo o corpo da cristandade. Porque um homem rezava e jejuava nas neves do norte, flores podiam ser lançadas em seu festival nas cidades do sul; e porque fanáticos bebiam água nas areias da Síria, homens ainda podiam beber sidra nos pomares da Inglaterra. Isso é o que torna a cristandade ao mesmo tempo muito mais perplexa e muito mais interessante do que o império pagão, assim como a Catedral de Amiens não é melhor, mas é mais interessante do que o Partenon. Se alguém quer uma prova moderna de tudo isso, que considere o curioso fato de que, sob o cristianismo, a Europa (mantendo-se uma unidade) se dividiu em nações independentes. O patriotismo é um exemplo perfeito desse equilíbrio deliberado de uma ênfase contra outra. O instinto do império pagão teria dito: "Vocês todos serão cidadãos romanos, e crescerão de forma semelhante; que o alemão se torne menos lento e reverente; o francês, menos experimental e rápido." Mas o instinto da Europa cristã diz: "Que o alemão permaneça lento e reverente para que o francês possa ser, seguramente, mais rápido e experimental. Faremos um equilíbrio a partir desses excessos. O absurdo chamado Alemanha corrigirá a insanidade chamada França."

Por fim, e mais importante, é exatamente isso que explica o que é tão inexplicável para todos os críticos modernos da história do cristianismo. Refiro-me às guerras monstruosas por pequenos pontos de teologia, aos terremotos de emoção por um gesto ou uma palavra. Era apenas uma questão de uma polegada, mas uma polegada é tudo quando se está em equilíbrio. A Igreja não podia se desviar nem um fio de cabelo sequer em algumas questões se quisesse continuar seu grande e ousado experimento de equilíbrio irregular. Se uma ideia se tornasse menos poderosa, outra ideia se tornaria poderosa demais. Não era um rebanho de ovelhas que o pastor cristão conduzia, mas uma manada de touros e tigres, de ideais terríveis e doutrinas devoradoras, cada uma delas suficientemente forte para se transformar em uma falsa religião e devastar o mundo. Lembre-se de que a Igreja lidava especificamente com ideias perigosas; ela era uma domadora de leões. A ideia do nascimento por meio de um Espírito Santo, da morte de um ser divino, do perdão dos pecados ou do cumprimento das profecias são ideias que qualquer um pode ver que precisam apenas de um toque para se tornarem algo blasfemo ou feroz. Os artífices do Mediterrâneo deixaram cair o elo menor, e o leão do pessimismo ancestral rompeu sua corrente nas florestas esquecidas do norte. Sobre essas igualdades teológicas eu falarei mais adiante. Aqui basta notar que, se algum pequeno erro fosse cometido na doutrina, grandes erros poderiam ser cometidos na felicidade humana. Uma frase mal formulada sobre a natureza do simbolismo teria quebrado todas as melhores estátuas da Europa. Um deslize nas definições poderia parar todas as danças, poderia murchar todas as árvores de Natal ou quebrar todos os ovos de Páscoa. As doutrinas precisavam ser definidas dentro de limites estritos, mesmo para que o homem pudesse desfrutar das liberdades humanas em geral. A Igreja precisava ser cuidadosa, mesmo que fosse apenas para que o mundo pudesse ser despreocupado.

Os paradoxos do cristianismo

Esta é a emocionante aventura da Ortodoxia. As pessoas caíram no hábito tolo de falar da ortodoxia como algo pesado, monótono e seguro. Nunca houve nada tão perigoso ou emocionante quanto a ortodoxia. Ela era sanidade, e ser são é mais dramático do que ser louco. Era o equilíbrio de um homem atrás de cavalos que correm loucamente parecendo inclinar-se para um lado e oscilar para o outro, mas em cada movimento mantendo a graça da estátua e a precisão da aritmética. A Igreja em seus primeiros dias seguia feroz e veloz como qualquer cavalo de guerra; no entanto, é totalmente anti-histórico dizer que ela simplesmente se deixou levar por uma ideia como um fanatismo vulgar. Ela desviou para a esquerda e para a direita com tamanha precisão para evitar enormes obstáculos. Ela abandonou, por um lado, o enorme peso do arianismo, sustentado por todos os poderes mundanos, para tornar o cristianismo excessivamente mundano. No instante seguinte, ela desviou para evitar um orientalismo que a teria tornado excessivamente espiritual. A Igreja ortodoxa nunca seguiu o caminho fácil nem aceitou as convenções; a Igreja ortodoxa nunca foi respeitável. Teria sido mais fácil aceitar o poder terreno dos arianos. Teria sido fácil, no século XVII calvinista, cair no abismo sem fundo da predestinação. É fácil ser louco: é fácil ser herege. Sempre é fácil deixar a época seguir seu curso; o difícil é manter a própria cabeça. Sempre é fácil ser modernista, assim como é fácil ser esnobe. Cair em qualquer dessas armadilhas abertas de erro e exagero que modismo após modismo e seita após seita colocaram ao longo do caminho histórico da cristandade — isso teria sido simples de verdade. Sempre é simples cair; há uma infinidade de ângulos que levam à queda, apenas um em que se permanece de pé.

Cair em qualquer dos modismos, do gnosticismo à Ciência Cristã, teria sido realmente óbvio e monótono. Mas ter evitado todas elas foi uma aventura vertiginosa; e, em minha visão, a carruagem celestial voa trovejando pelos séculos, as heresias enfadonhas se arrastando e prostradas, a verdade selvagem cambaleando, mas ereta.

CAPÍTULO 7

A ETERNA REVOLUÇÃO

As seguintes proposições foram defendidas: primeiro, que alguma fé em nossa vida é necessária, mesmo para melhorá-la; segundo, que certa insatisfação com as coisas como estão é essencial até mesmo para que possamos estar satisfeitos; terceiro, que para possuir esse necessário contentamento e essa necessária insatisfação, não é suficiente alcançar o óbvio equilíbrio do estoico. Pois a mera resignação não possui nem a gigantesca leveza do prazer nem a magnífica intolerância da dor. Existe uma objeção vital ao conselho de apenas sorrir e aguentar. A objeção é que, se você simplesmente aguenta, não sorri. Heróis gregos não sorriem, mas as gárgulas sorriem — porque são cristãs. E, quando um cristão está contente, ele está (no sentido mais exato) terrivelmente contente; seu contentamento é terrível. Cristo profetizou toda a arquitetura gótica naquela hora em que pessoas nervosas e respeitáveis (tais como as que hoje desaprovam os órgãos mecânicos) se opuseram aos gritos dos pequenos das ruas de Jerusalém. Ele disse: "Se estes se calarem, as próprias pedras clamarão."[1] Sob o impulso de seu espírito, ergueram-se como um coro clamoroso as fachadas das catedrais medievais repletas de rostos gritantes e bocas abertas. A profecia se cumpriu: as próprias pedras clamam.

Se essas questões forem admitidas, ainda que apenas para debate, podemos retomar o fio do pensamento do homem natural,[2] chamado pelos escoceses (com uma familiaridade lamentável)[3] de "o velho homem".[4] Podemos, então, colocar a próxima questão, que se apresenta de modo tão evidente. Alguma satisfação é necessária, mesmo para melhorar as coisas. Mas o que queremos dizer com melhorar as coisas? Grande parte da discussão moderna sobre esse assunto é um mero argumento em círculo — aquele círculo que já tomamos como símbolo da loucura e do mero racionalismo. A evolução só é boa se produz o bem; o bem só é bom

---

1 Alusão a Lucas 19:40.
2 Em 1Coríntios 2:14-16, Paulo contrasta o "homem natural" (do grego, *psychikos*), guiado pela razão e pelas emoções, com o "homem espiritual" (*pneumatikos*), que, orientado pelo Espírito de Deus, compreende as verdades divinas. Essa distinção ressalta que o discernimento espiritual supera a sabedoria humana, exigindo transformação pelo Espírito.
3 A referência aos escoceses alude ao rigor calvinista na Escócia, onde o conceito do "velho homem" representa a natureza humana pecaminosa necessitada de transformação. Para Chesterton, a "familiaridade lamentável" dos escoceses com essa expressão destaca uma abordagem inflexível da condição humana.
4 Paulo descreve o "velho homem" como a natureza pecaminosa a ser abandonada: em Romanos 6:6; em Romanos 7:24; em Colossenses 3:9-10. Essas passagens ressaltam a transformação espiritual paulina, em que o "velho homem" é a natureza pecaminosa e o "novo homem", a vida regenerada em Cristo.

A eterna revolução

se favorece a evolução. O elefante apoia-se na tartaruga, e a tartaruga, no elefante.[5] Obviamente, não será útil buscar nosso ideal no princípio da natureza; pela simples razão de que (exceto por alguma teoria humana ou divina), não há princípio na natureza. Por exemplo, o antidemocrata barato de hoje lhe dirá solenemente que não há igualdade na natureza. Ele está certo, mas não vê o complemento lógico. Não há igualdade na natureza, tampouco há desigualdade. Desigualdade, tanto quanto igualdade, implica um padrão de valor. Ler aristocracia na anarquia dos animais é tão sentimental quanto ler democracia nela. Tanto a aristocracia quanto a democracia são ideais humanos: uma diz que todos os homens têm valor, a outra, que alguns homens têm mais valor. Mas a natureza não diz que gatos são mais valiosos que ratos; a natureza não faz qualquer observação sobre o assunto. Ela nem mesmo diz que o gato é invejável ou que o rato é digno de pena. Achamos que o gato é superior porque temos (ou a maioria de nós tem) uma filosofia particular que afirma que a vida é melhor do que a morte. Mas, se o rato fosse um rato pessimista alemão,[6] ele talvez não pensasse, de maneira alguma, que o gato o venceu. Ele talvez pensasse que venceu o gato ao chegar ao túmulo primeiro. Ou ele poderia sentir que, de fato, impôs ao gato um castigo terrível

---

5 Na tradição hindu, há um mito cosmogônico em que o mundo repousa sobre um elefante, que se apoia em uma tartaruga. Assim como tais animais, esses conceitos sustentam-se mutuamente sem uma base sólida formando um ciclo autorreferente que, para Chesterton, é inconsistente do ponto de vista lógico.
6 O pessimismo era uma característica frequentemente associada a alguns dos principais filósofos alemães, em especial Arthur Schopenhauer.

ao mantê-lo vivo. Assim como um micróbio poderia sentir orgulho em espalhar uma peste, o rato pessimista poderia exultar ao pensar que estava renovando no gato o tormento da existência consciente. Tudo depende da filosofia do rato. Não se pode sequer dizer que há vitória ou superioridade na natureza, a menos que se tenha alguma doutrina relativa ao que é superior. Não se pode sequer dizer que o gato marca pontos, a menos que haja um sistema de pontuação. Não se pode sequer dizer que o gato leva a melhor, a menos que haja algum melhor a ser alcançado.

Não podemos, então, obter o ideal em si da natureza e, enquanto seguimos aqui a primeira e natural especulação, deixaremos de lado (por ora) a ideia de obtê-lo de Deus. Precisamos ter nossa própria visão. Contudo, as tentativas da maioria dos modernos de expressá-la são extremamente vagas.

Alguns recorrem simplesmente ao argumento do relógio: falam como se a simples passagem do tempo trouxesse alguma superioridade de modo que até mesmo um homem de grande calibre intelectual usa, de maneira leviana, a frase de que a moralidade humana nunca está "atualizada". Como algo pode estar "atualizado"? Uma data não tem caráter. Como alguém pode dizer que as celebrações de Natal não são adequadas ao vigésimo quinto dia de um mês? O que o escritor quis dizer, claro, é que a maioria está atrás de sua minoria favorita — ou à frente dela. Outras pessoas modernas e vagas refugiam-se em metáforas materiais; na verdade, esse é o principal traço das pessoas modernas e vagas. Sem ousar definir sua doutrina sobre o que é bom, usam figuras de linguagem concretas sem parcimônia ou vergonha e, pior de tudo, parecem pensar que essas analogias baratas

A eterna revolução

são espirituais e superiores à antiga moralidade. Assim, acham intelectual falar sobre coisas que são "elevadas". Isso é, no mínimo, o oposto de intelectual; é uma mera expressão tirada de um campanário ou de um cata-vento. "Tommy era um bom garoto" é uma afirmação filosófica pura, digna de Platão ou Aquino. "Tommy viveu uma vida elevada" é uma metáfora grosseira relativa a uma régua de três metros. Isso, incidentalmente, é quase toda a fraqueza de Nietzsche, que alguns descrevem como um pensador ousado e forte. Ninguém negará que ele era um pensador poético e sugestivo, mas era exatamente o oposto de forte. Não era nada ousado. Ele nunca expôs seu raciocínio de forma clara e abstrata diante de si, como fizeram Aristóteles, Calvino e até Karl Marx, homens duros e destemidos no pensamento. Nietzsche sempre escapava de uma questão por meio de uma metáfora concreta, como um poeta inferior e alegre. Ele dizia "além do bem e do mal" porque não tinha coragem de dizer "melhor que o bem e o mal" ou "pior que o bem e o mal". Se tivesse enfrentado seu pensamento sem metáforas, teria visto que isso era um absurdo. Assim, quando descreve seu herói, ele não se atreve a dizer "o homem mais puro", "o homem mais feliz" ou "o homem mais triste", pois todas são ideias, e ideias são desconcertantes. Ele diz "o homem superior", ou "super-homem", uma metáfora concreta inspirada em acrobatas ou alpinistas. Nietzsche é verdadeiramente um pensador muito tímido. Ele não sabe, de fato, que tipo de homem deseja que a evolução produza. E, se ele não sabe, certamente os evolucionistas comuns, que falam sobre coisas sendo "elevadas", também não sabem.

Então, novamente, algumas pessoas recorrem à mera submissão e à inércia. A natureza vai fazer alguma coisa algum dia; ninguém sabe o quê, e ninguém sabe quando.

Não temos razão para agir, e nenhuma razão para não agir. Se algo acontece, está certo; se algo é impedido, estava errado. Mais uma vez, algumas pessoas tentam antecipar a natureza fazendo algo, fazendo qualquer coisa. Porque talvez possamos, um dia, criar asas, elas cortam as próprias pernas. No entanto, até onde sabem, a natureza pode estar tentando transformá-las em centopeias.

Por fim, há uma quarta classe de pessoas que pega aquilo que por acaso deseja e diz que isso é o objetivo final da evolução. E essas são as únicas pessoas sensatas. Esta é a única forma realmente saudável de lidar com a palavra "evolução": trabalhar pelo que se deseja e chamar isso de evolução. O único sentido inteligível que progresso ou avanço pode ter entre os homens é termos uma visão definida e querermos fazer o mundo todo se conformar a essa visão. Se preferir dizer assim, a essência da doutrina é que o que temos ao nosso redor é apenas o método e a preparação para algo que devemos criar. Isto não é um mundo, mas sim o material para um mundo. Deus nos deu não as cores exatas de uma pintura, mas as cores de uma paleta. Mas ele também nos deu um tema, um modelo, uma visão fixa. Precisamos ser claros sobre o que queremos pintar. Isso acrescenta um novo princípio à nossa lista anterior de princípios. Dissemos que devemos amar este mundo até mesmo para mudá-lo. Agora acrescentamos que devemos amar outro mundo (real ou imaginário) para termos algo para transformá-lo.

Não precisamos debater as meras palavras evolução ou progresso: pessoalmente, prefiro chamar isso de reforma. Pois reforma implica forma. Implica que estamos tentando moldar o mundo em uma imagem particular, torná-lo algo que já vemos em nossas mentes. Evolução é uma metáfora de um mero desenrolar automático. Progresso é uma metáfora de apenas caminhar por uma estrada — provavelmente a estrada errada. Mas reforma é uma metáfora para homens razoáveis e determinados: significa que vemos algo fora de forma e pretendemos colocá-lo em forma. E sabemos qual forma.

Aqui surge todo o colapso e enorme erro da nossa era. Misturamos duas coisas diferentes, duas coisas opostas. Progresso deveria significar que estamos sempre mudando o mundo para adequá-lo à visão. Progresso significa (atualmente) que estamos sempre mudando a visão. Deveria significar que somos lentos, mas seguros, ao trazer justiça e misericórdia[7] entre os homens: significa que somos muito rápidos em duvidar da desejabilidade da justiça e da misericórdia; uma página imoderada de qualquer sofista prussiano[8] faz os homens duvidarem disso. Progresso deveria significar que estamos sempre caminhando em direção à Nova Jerusalém. Significa que a Nova Jerusalém está sempre se afastando de nós. Não estamos alterando o real para adequá-lo ao ideal. Estamos alterando o ideal: é mais fácil.

Exemplos tolos são sempre mais simples. Suponhamos que um homem quisesse um tipo particular de mundo, digamos um mundo azul. Ele não teria motivo para reclamar da simplicidade ou rapidez de sua tarefa; ele poderia se esforçar por um longo tempo em prol da transformação; poderia trabalhar (em todos os sentidos) até que tudo fosse azul. Ele poderia ter aventuras heroicas, como colocar os últimos retoques em um tigre azul. Ele poderia ter sonhos feéricos, como o amanhecer de uma Lua azul. Mas, se trabalhasse

---

7 Esse par de virtudes é mencionado, por exemplo, em Provérbios 21:3; Oséias 6:6; Miquéias 6:8; Zacarias 7:9; Mateus 9:13, e 23:23.
8 A escolha do termo "prussiano" evoca a Prússia, associada ao militarismo e autoritarismo no final do século XIX e início do XX.

Ortodoxia

arduamente, aquele reformador de mente elevada com certeza (de seu próprio ponto de vista) deixaria o mundo melhor e mais azul do que o encontrou. Se ele mudasse a cor de uma folha de grama para sua cor favorita todos os dias, avançaria com lentidão. Mas, se mudasse sua cor favorita todos os dias, não avançaria de maneira alguma. Se, após ler um novo filósofo, começasse a pintar tudo de vermelho ou amarelo, seu trabalho seria desperdiçado: não haveria nada a mostrar, exceto alguns tigres azuis vagando por aí, espécimes de seu estilo ruim inicial. Essa é exatamente a posição do pensador moderno médio. Dirão que este é, declaradamente, um exemplo absurdo. Mas é literalmente um fato da história recente. As grandes e graves mudanças em nossa civilização política pertencem todas ao início do século XIX, e não ao final. Pertencem à época do preto e branco, quando os homens acreditavam firmemente no toryismo, no protestantismo, no calvinismo, na Reforma e, não raramente, na revolução. E, no que cada homem acreditava, a isso ele se dedicava de forma constante, sem ceticismo: houve um tempo em que a Igreja Anglicana quase ruiu, e a Câmara dos Lordes quase desmoronou. Isso ocorreu porque os radicais foram suficientemente sábios para serem constantes e coerentes, porque os radicais foram suficientemente sábios para serem conservadores. Mas na atmosfera atual, não há tempo nem tradição suficientes no radicalismo para derrubar nada. Há muita verdade na sugestão de Lord Hugh Cecil[9] (feita em um belo discurso) de que a era das mudan-

---

9 Lord Hugh Richard Heathcote Cecil foi um político e intelectual conservador britânico. Ele foi membro do Parlamento por muitos anos, além de teólogo, contribuindo para debates sobre religião e política no início do século XX.

A eterna revolução

ças acabou e que a nossa é uma era de conservação e repouso. Mas provavelmente seria doloroso para Lord Hugh Cecil se ele percebesse (o que é sem dúvida o caso) que a nossa é apenas uma era de conservação porque é uma era de completa descrença. Que as crenças desapareçam com rapidez e constância se desejamos que as instituições permaneçam as mesmas. Quanto mais a vida da mente estiver desordenada, mais a maquinaria da matéria será deixada por conta própria. O resultado final de todas as nossas sugestões políticas — coletivismo, tolstoísmo, neofeudalismo, comunismo, anarquia, burocracia científica —, o fruto claro de todas elas é que a monarquia e a Câmara dos Lordes permanecerão. O futuro resultado final de todas as novas religiões é que a Igreja Anglicana não será (sabe-se Deus até quando) abalada. Foram Karl Marx, Nietzsche, Tolstói, Cunninghame Graham, Bernard Shaw e Auberon Herbert que, juntos, com gigantescas costas curvadas, sustentaram o trono do arcebispo de Cantuária.[10]

Podemos dizer, de modo geral, que o livre-pensamento é a melhor de todas as salvaguardas contra a liberdade. Gerida no estilo moderno, a emancipação da mente do escravo é a melhor maneira de evitar a emancipação do escravo. Ensine-o a se preocupar com o desejo de ser livre, e ele não se libertará. Mais uma vez, pode-se dizer que este exemplo é remoto ou extremo. Mas, novamente, ele é a mais pura verdade em relação aos homens nas ruas em nosso entorno. É verdade que o escravo negro, sendo um bárbaro degradado, provavelmente

---

10 O "trono do arcebispo de Cantuária" simboliza a autoridade do arcebispo de Cantuária, líder da Igreja Anglicana e representante da unidade da Comunhão Anglicana. É uma referência ao papel histórico e influente da Igreja na política e na sociedade britânicas.

terá ou uma afeição humana de lealdade, ou uma afeição humana pela liberdade. Mas o homem que vemos todos os dias — o trabalhador na fábrica do sr. Gradgrind,[11] o pequeno escriturário no escritório do sr. Gradgrind —, ele tem a mente ocupada demais para acreditar na liberdade. Ele é silenciado com literatura revolucionária. Ele é acalmado e mantido em seu lugar por uma sucessão constante de filosofias insanas. Ele é marxista num dia, nietzschiano no seguinte, um Super-Homem (provavelmente) no outro, e um escravo todos os dias. A única coisa que permanece depois de todas as filosofias é a fábrica. O único homem que ganha com todas as filosofias é Gradgrind. É vantajoso para ele manter sua servidão comercial abastecida com literatura cética. E agora que penso nisso, claro, Gradgrind é famoso por doar bibliotecas. Ele demonstra discernimento. Todos os livros modernos estão ao seu lado. Enquanto a visão do céu estiver sempre mudando, a visão da terra permanecerá exatamente a mesma. Nenhum ideal permanecerá tempo suficiente para ser realizado, ou mesmo parcialmente realizado. O jovem moderno nunca mudará seu ambiente, pois ele sempre mudará de ideia.

Este, portanto, é nosso primeiro requisito sobre o ideal em direção ao qual o progresso é dirigido; ele deve ser fixo. Pintor e gravurista estadunidense, Whistler costumava fazer muitos esboços rápidos de um modelo; não importava se rasgasse vinte retratos. Mas importaria se olhasse vinte

---

11 Thomas Gradgrind é um personagem do romance *Tempos difíceis* (1854), de Charles Dickens. Ele é um rígido defensor do utilitarismo e da educação puramente baseada em fatos sem espaço para imaginação ou emoção. Gradgrind representa a filosofia materialista e prática da sociedade vitoriana industrial, criticada por Dickens por sua falta de empatia e humanidade.

A eterna revolução

vezes e, a cada uma delas, visse uma pessoa diferente posando com placidez para o retrato. Portanto, não importa (comparativamente falando) quantas vezes a humanidade falhe em imitar seu ideal, pois então todas as falhas antigas são frutíferas. Mas tem uma importância assustadora quantas vezes a humanidade muda de ideal, pois então todas as suas falhas antigas são infrutíferas. A questão, portanto, torna-se esta: como podemos manter o artista descontente com suas pinturas enquanto evitamos que ele se torne vitalmente descontente com sua arte? Como podemos tornar um homem sempre insatisfeito com seu trabalho, mas sempre satisfeito em trabalhar? Como podemos garantir que o retratista jogará o retrato pela janela, em vez de seguir o curso natural e mais humano de jogar o modelo pela janela?

Uma regra estrita não é necessária apenas para governar; ela também é necessária para se rebelar. Esse ideal fixo e familiar é necessário para qualquer tipo de revolução. O homem, às vezes, agirá lentamente em relação a novas ideias, mas só agirá rapidamente em relação a ideias antigas. Se eu apenas flutuar, desaparecer ou evoluir, isso pode ocorrer em direção a algo anárquico; mas, se eu for me rebelar, deve ser por algo respeitável. Essa é toda a fraqueza de certas escolas de progresso e evolução moral. Elas sugerem que houve um movimento lento em direção à moralidade com uma mudança ética imperceptível a cada ano ou a cada instante. Há apenas uma grande desvantagem nessa teoria. Ela fala de um movimento lento em direção à justiça, mas não permite um movimento rápido. Não é permitido que um homem se levante e declare um certo estado de coisas intrinsecamente intolerável. Para tornar a questão clara, é melhor tomar um exemplo específico. Certos vegetarianos idealistas, como o sr. Henry Stephens Salt, dizem que chegou o momento de não se mais comer carne; por implicação, eles supõem que, em algum momento, foi certo comer carne e sugerem (em palavras que poderiam ser citadas) que algum dia pode ser errado consumir leite e ovos. Não discuto aqui a questão de qual é a justiça para com os animais. Digo apenas que, independentemente de qual seja, ela deve, sob certas condições, ser justiça imediata. Se um animal está sendo prejudicado, devemos ser capazes de correr em seu socorro. Mas como podemos correr se estamos, talvez, adiantados em relação ao nosso tempo? Como podemos correr para pegar um trem que pode demorar alguns séculos para chegar? Como posso denunciar um homem por esfolar gatos se ele é agora o que eu poderei me tornar ao beber um copo de leite? Uma esplêndida e insana seita russa corria por aí retirando todos os bois de todas as carroças. Como posso ter coragem de tirar o cavalo do meu cabriolé se não sei se meu relógio evolutivo está apenas um pouco adiantado ou se é o do cocheiro que está um pouco atrasado? Suponha que eu diga a um explorador de trabalhadores: "A escravidão serviu para um estágio da evolução." E suponha que ele responda: "E a exploração serve para este estágio da evolução." Como posso responder se não há um teste eterno? Se os exploradores podem estar atrasados em relação à moralidade corrente, por que os filantropos não podem estar adiantados em relação a ela? Afinal, o que é a moralidade corrente senão seu sentido literal (a moralidade que está sempre fugindo)?

 Assim, podemos dizer que um ideal permanente é tão necessário para o inovador quanto para o conservador; é necessário, não importa se desejamos que as ordens do rei sejam

A eterna revolução

prontamente executadas ou se apenas desejamos que o rei seja prontamente executado. A guilhotina tem muitos pecados, mas, fazendo-lhe justiça, não há nada de evolutivo nela. O argumento evolutivo favorito encontra sua melhor resposta no machado. O evolucionista diz: "Qual é o limite?" O revolucionário responde: "O limite é AQUI: exatamente entre sua cabeça e seu tronco." Deve haver, em qualquer momento, certo bem e mal abstratos se qualquer golpe deve ser desferido; deve haver algo eterno se houver algo repentino. Portanto, para todos os propósitos humanos inteligíveis, para alterar as coisas ou mantê-las como estão, para fundar um sistema sempiterno, como na China, ou para alterá-lo a cada mês, como na primeira Revolução Francesa, é igualmente necessário que a visão seja uma visão fixa. Este é o nosso primeiro requisito.

Quando escrevi isso, senti novamente a presença de algo subjacente na discussão: como um homem que ouve o sino da igreja sobressaindo-se ao tumulto da rua. Algo parecia estar dizendo: "Meu ideal, ao menos, é fixo, pois foi fixado antes da fundação do mundo. Minha visão de perfeição certamente não pode ser alterada, pois é chamada de Éden. Você pode alterar o lugar para o qual está indo, mas não pode alterar o lugar de onde veio. Para o ortodoxo, deve sempre haver um argumento a favor da revolução, pois nos corações dos homens Deus foi colocado sob os pés de Satanás. No mundo superior, o inferno uma vez se rebelou contra o céu. Mas neste mundo, o céu está se rebelando contra o inferno. Para o ortodoxo, sempre pode haver uma revolução, pois uma revolução é uma restauração. Em qualquer momento, pode-se lutar pela perfeição que não se vê desde Adão. Nenhum costume imutável, nenhuma evolução em mudança pode tornar o bem original qualquer coisa senão bom. O homem pode ter tido concubinas tanto tempo quanto as vacas tiveram chifres: ainda assim, elas não fazem parte dele se são pecaminosas. Os homens podem ter vivido sob opressão desde que os peixes passaram a viver debaixo d'água: ainda assim, não deveriam se a opressão for pecaminosa. A corrente pode parecer tão natural para o escravo, ou a maquiagem para a prostituta, quanto a pluma para o pássaro ou a toca para a raposa: ainda assim, não são se forem pecaminosas. Ergo minha lenda pré-histórica para desafiar toda a sua história. Sua visão não é apenas uma fixação: é um fato." Fiz uma pausa para notar a nova coincidência do cristianismo, mas segui adiante.

Passei à próxima necessidade de qualquer ideal de progresso. Algumas pessoas (como já dissemos) parecem crer em um progresso automático e impessoal, inerente à própria natureza das coisas. Mas é claro que nenhuma atividade política pode ser encorajada dizendo que o progresso é natural e inevitável; isso não é uma razão para ser ativo, mas sim uma razão para ser preguiçoso. Se estamos destinados a melhorar, não precisamos nos preocupar em melhorar. A simples doutrina do progresso é a melhor de todas as razões para não ser progressista. No entanto, não é para nenhum desses comentários óbvios que quero chamar a atenção primordialmente.

O único ponto digno de nota é este: se supusermos que a melhoria é natural, ela deve ser bastante simples. O mundo poderia estar caminhando, do ponto de vista conceitual, para uma consumação, mas dificilmente para qualquer arranjo particular de muitas qualidades. Voltando à nossa analogia original: a Natureza por si só pode estar se tornando mais azul; isso é um processo tão simples que poderia ser impessoal. Mas a Natureza não pode estar fazendo uma pintura cuidadosa composta por muitas cores escolhidas, a menos que a Natureza seja pessoal. Se o fim do mundo fosse apenas escuridão ou apenas luz, ele poderia vir tão lenta e inevitavelmente quanto o crepúsculo ou o amanhecer. Mas, se o fim do mundo for uma peça elaborada e artística de *chiaroscuro*, então deve haver um design nele, seja humano ou divino. O mundo, ao longo do tempo, poderia escurecer como uma pintura antiga ou empalidecer como um casaco velho, mas se ele for transformado em uma obra de arte particular em preto e branco — então há um artista.

Se a distinção não for evidente, dou um exemplo comum. Ouvimos com frequência um credo particularmente cósmico dos humanitários modernos.

Uso a palavra "humanitário" no sentido comum significando aquele que defende as reivindicações de todas as criaturas contra as da humanidade. Eles sugerem que, ao longo dos tempos, temos nos tornado cada vez mais humanos, isto é, que, um após outro, grupos ou seções de seres, escravos, crianças, mulheres, vacas, ou o que for, têm sido gradualmente admitidos à misericórdia ou à justiça. Eles dizem que outrora achamos certo alimentar-se com carne humana (não achávamos), mas aqui não estou preocupado com a história deles, que é altamente não histórica. De fato, a antropofagia é sem dúvida uma coisa decadente, não primitiva. É muito mais provável que homens modernos comam carne humana por afetação do que que o homem primitivo tenha comido por ignorância. Estou apenas seguindo os contornos do argumento deles, que consiste em afirmar que o homem tem sido cada vez mais leniente, primeiro com cidadãos, depois com escravos, em seguida com animais, e então (presumivelmente) com plantas. Acho errado sentar--se sobre um homem. Logo, acharei errado sentar-se sobre um cavalo. Em determinado momento (suponho), acharei errado sentar-se em uma cadeira. Essa é a ideia condutora do argumento. E, para esse argumento, pode-se dizer que é possível falar em termos de evolução ou progresso inevitável. Uma tendência perpétua a tocar cada vez menos coisas poderia (nota-se) ser uma mera tendência bruta e inconsciente, como a de uma espécie a produzir cada vez menos filhos. Essa tendência pode ser realmente evolucionária porque é estúpida.

O darwinismo pode ser usado para fundamentar duas moralidades insanas, mas não pode ser usado para fundamentar uma única moralidade sã. A afinidade e a competição de todas as criaturas vivas podem ser usadas como razão para ser insanamente cruel ou insanamente sentimental, mas não para um amor saudável pelos animais. Com base na evolução, pode-se ser desumano ou absurdamente humano, mas não se pode ser humano. O fato de você e um tigre serem um pode ser uma razão para ser terno com o tigre. Ou pode ser uma razão para ser tão cruel quanto o tigre. É um jeito de treinar o tigre para imitar você, é um jeito mais rápido de imitar o tigre. Mas, em nenhum dos casos, a evolução diz como tratar um tigre de forma razoável, isto é, admirar suas listras enquanto evita suas garras.

Se você quer tratar um tigre de forma razoável, deve voltar ao Jardim do Éden. Pois a lembrança persistente continuava a reaparecer: somente o sobrenatural teve uma visão sã da

A eterna revolução

Natureza. A essência de todo panteísmo, evolucionismo e religião cósmica moderna está, na verdade, nesta proposição: que a Natureza é nossa mãe. Infelizmente, se você considera a Natureza uma mãe, descobrirá que ela é uma madrasta. O ponto principal do cristianismo foi este: que a Natureza não é nossa mãe, mas nossa irmã. Podemos nos orgulhar de sua beleza, já que temos o mesmo pai; mas ela não tem autoridade sobre nós; devemos admirar, mas não imitar. Isso confere ao prazer tipicamente cristão nesta terra um toque estranho de leveza que quase se aproxima da frivolidade. A Natureza era uma mãe solene para os adoradores de Ísis e Cibele. A Natureza era uma mãe solene para o poeta Wordsworth ou para Emerson. Mas a Natureza não é solene para Francisco de Assis ou para George Herbert. Para Francisco, a Natureza é uma irmã, e até uma irmã mais nova: uma irmãzinha dançante para ser tanto motivo de riso quanto objeto de amor.

Isso, no entanto, não nos é primordial no momento; admiti isso apenas para mostrar como, de maneira constante e, por assim dizer, também acidental, a chave encaixaria nas menores portas. Nosso ponto principal é este: se houver uma mera tendência de melhoria impessoal na Natureza, deve ser presumivelmente uma tendência simples em direção a algum triunfo simples. Pode-se imaginar que alguma tendência automática na biologia possa nos dar narizes cada vez mais longos. Mas a questão é: queremos ter narizes cada vez mais longos? Eu acredito que não; acho que a maioria de nós gostaria de dizer aos nossos narizes "até aqui, e não além; e aqui se deterá teu ponto orgulhoso";[12] queremos um nariz de um comprimento tal que as-

---

12 Alusão a Jó 38:11.

segure um rosto interessante. Mas não podemos imaginar uma mera tendência biológica destinada a produzir rostos interessantes, pois um rosto interessante é um arranjo particular de olhos, nariz e boca em uma relação muito complexa entre si. A proporção não pode ser fruto de um acaso: é ou um acidente, ou um projeto. O mesmo ocorre com o ideal da moralidade humana e sua relação com os humanitários e os anti-humanitários. É concebível que cada vez mais nos abstenhamos de tocar nas coisas: não conduzir cavalos; não colher flores. Em certo momento, poderemos ser proibidos de perturbar a mente de alguém até mesmo por meio de um argumento; de não perturbar o sono dos pássaros nem mesmo ao tossir. A apoteose final pareceria ser a de um homem sentado completamente imóvel, sem ousar se mexer por medo de perturbar uma mosca, ou comer por medo de incomodar um micróbio. Talvez possamos ser levados, de modo inconsciente, a uma consumação tão bruta quanto essa. Mas queremos uma consumação tão bruta? Da mesma forma, poderíamos, de modo inconsciente, evoluir ao longo da linha oposta ou nietzschiana de desenvolvimento — um super-homem esmagando outro super-homem em uma torre de tiranos até que o universo seja destruído por diversão. Mas é isso que queremos? Não é bastante claro que o que realmente esperamos é uma gestão e uma proposição particulares dessas duas coisas: certa quantidade de contenção e respeito, certa quantidade de energia e domínio? Se nossa vida for realmente tão bela quanto um conto de fadas, teremos de lembrar que toda a beleza de um conto de fadas está nisto: que o príncipe tem um sentimento de estupefação que quase beira o medo. Se ele tem medo do gigante, isso o destrói; mas, da mesma forma, se não se surpreende com

A eterna revolução

o gigante, também acaba o conto de fadas. Toda a questão depende de ele ser ao mesmo tempo humilde o suficiente para se maravilhar e orgulhoso o suficiente para desafiar. Assim, nossa atitude em relação ao gigante do mundo não deve ser simplesmente uma delicadeza crescente ou um desprezo crescente: deve ser uma proporção específica dos dois — que seja exatamente a certa. Devemos ter em nós reverência suficiente por todas as coisas externas para nos fazer pisar na grama com cautela. Devemos também ter desprezo suficiente por todas as coisas externas para nos fazer, em certas ocasiões, cuspir nas estrelas. Contudo, essas duas coisas (se quisermos ser bons ou felizes) devem ser combinadas não em qualquer combinação, mas em uma combinação específica. A perfeita felicidade dos homens na terra (se algum dia vier) não será algo plano e sólido como a satisfação dos animais. Será um equilíbrio exato e perigoso como o de um romance desesperado. O homem deve ter fé suficiente em si para ter aventuras, e dúvida suficiente de si para desfrutá-las.

Assim, este é o nosso segundo requisito para o ideal de progresso. Primeiro, ele deve ser fixo; segundo, ele deve ser composto. Não deve (se é para satisfazer nossas almas) ser a mera vitória de uma única coisa engolindo todo o resto, seja o amor, o orgulho, a paz ou a aventura; deve ser uma imagem definida composta desses elementos em sua melhor proporção e relação. Não estou preocupado, neste momento, em negar que alguma boa culminação desse tipo possa, pela constituição das coisas, estar reservada para a raça humana. Somente aponto que, se essa felicidade composta nos está destinada, ela deve ser determinada por alguma mente, pois apenas uma mente pode estabelecer as proporções exatas de uma felicidade composta. Se a beatificação do mundo é uma mera obra da natureza, então deve ser tão simples quanto seu congelamento ou incêndio. No entanto, se a beatificação do mundo não é uma obra da natureza, mas uma obra de arte, então ela envolve um artista. E aqui novamente minha contemplação foi interrompida pela voz antiga que disse: "Eu poderia ter lhe dito tudo isso há muito tempo. Se há algum progresso certo, ele só pode ser o meu tipo de progresso, o progresso em direção a uma cidade completa de virtudes e dominações,[13] onde a justiça e a paz consigam se beijar. Uma força impessoal pode estar conduzindo vocês a um deserto perfeitamente plano ou a um pico incrivelmente elevado.[14] Mas somente um Deus pessoal pode os estar conduzindo (se, de fato, vocês estão sendo conduzidos) a uma cidade com ruas justas e proporções arquitetônicas, uma cidade na qual cada um de vocês pode contribuir exatamente com a quantidade certa de sua própria cor ao manto multicolorido de José."[15]

Mais uma vez, portanto, o cristianismo veio com a resposta exata de que eu precisava. Eu havia dito: "O ideal deve ser fixo", e a Igreja respondeu: "O meu é literalmente fixo, pois existiu antes de qualquer outra coisa." Em

---

13 Pseudo-Dionísio, o Areopagita (c. 500 d.C.), descreve em sua obra *A hierarquia celestial* o escalonamento dos anjos, composto por nove ordens divididas em três tríades. É provável que Chesterton tivesse isso em mente ao se referir a "virtudes e dominações".
14 Possível alusão à tentação de Jesus, registrada em Mateus 4:1-11, e Lucas 4:1-13. No contexto bíblico, o deserto simboliza provação e teste, enquanto o pico (ou pináculo) representa poder e arrogância.
15 A referência ao manto multicolorido de José é encontrada em Gênesis 37:3, onde se relata que Jacó, patriarca de Israel, presenteou seu filho José com uma túnica de muitas cores, símbolo de seu favoritismo e do amor especial que sentia por ele.

A eterna revolução

seguida, eu disse "Deve ser artisticamente combinado como uma pintura", e a Igreja respondeu: "O meu é literalmente uma pintura, pois sei quem a pintou." Então, passei para o terceiro ponto, que, a meu ver, era necessário para uma Utopia ou um objetivo de progresso. E, de todos os três, este é infinitamente o mais difícil de expressar. Talvez possa ser colocado da seguinte forma: precisamos de vigilância, mesmo na Utopia, para não cairmos da Utopia como caímos do Éden.

Observamos que uma das razões apresentadas para ser progressista é a ideia de que as coisas tendem a melhorar de forma natural. Mas a única razão verdadeira para ser progressista é que as coisas tendem a piorar de forma natural. A corrupção inerente às coisas não é apenas o melhor argumento para o progresso; é também o único argumento contra o conservadorismo. A teoria conservadora seria realmente abrangente e irrefutável, não fosse por esse fato. Mas todo conservadorismo se baseia na ideia de que, se você deixa as coisas como estão, elas permanecem inalteradas. Mas não é isso que acontece. Se você deixa algo intocado, deixa-o à mercê de uma torrente de mudanças. Se você deixar um poste branco abandonado, logo será um poste preto. Se você realmente quer que ele permaneça branco, é necessário sempre pintá-lo de novo, ou seja, você deve estar sempre promovendo uma revolução. Em resumo, se você quer o velho poste branco, precisa de um novo poste branco. E isso, que é verdadeiro até para coisas inanimadas, é, de modo especial e terrível, verdadeiro para todas as coisas humanas. Uma vigilância quase antinatural é de fato necessária ao cidadão devido à rapidez horrível com que as instituições humanas envelhecem. É costume na literatura romântica e no jornalismo falar de homens sofrendo sob antigas tiranias. Mas, na verdade, os homens quase sempre sofreram sob novas tiranias, sob tiranias que haviam sido liberdades públicas menos de vinte anos antes. Assim, a Inglaterra se exaltou de alegria pela monarquia patriótica de Elizabeth I, a rainha virgem, e então (quase imediatamente depois) se enfureceu com a tirania de Carlos I. Do mesmo modo, na França, a monarquia tornou-se intolerável não logo após ser tolerada, mas logo após ser adorada. O filho de Luís, o Bem-Amado, foi Luís, o Guilhotinado. Da mesma forma, na Inglaterra do século XIX, o industrial radical foi inteiramente digno de confiança, como um simples tribuno do povo, até que, de repente, ouvimos o grito do socialista de que ele era um tirano devorando o povo como pão. E mais uma vez, até muito pouco tempo atrás, confiávamos nos jornais como órgãos de opinião pública. Recentemente, alguns de nós percebemos (não devagar, mas de modo abrupto) que eles não são nada disso. São, por natureza, os hobbies de poucos homens ricos. Não precisamos nos rebelar contra a antiguidade; temos que nos rebelar contra a novidade. São os novos governantes, o capitalista ou o editor, que realmente sustentam o mundo moderno. Não há receio de que um rei moderno tente derrubar a constituição, é mais provável que ele a ignore e atue às escondidas; ele não aproveitará seu poder régio, é mais provável que se aproveite de sua impotência régia, do fato de que está livre de críticas e publicidade. Pois o rei é a pessoa mais privada do nosso tempo. Não será necessário que alguém lute novamente contra uma proposta de censura à imprensa. Não precisamos de uma censura à imprensa. Temos uma censura pela própria imprensa.

A eterna revolução

Essa rapidez surpreendente com que sistemas populares se tornam opressivos é o terceiro ponto que nossa teoria ideal do progresso deve considerar. Ela deve estar sempre atenta a cada privilégio que possa ser abusado, a cada direito que possa se tornar um erro. Nesse aspecto, estou completamente ao lado dos revolucionários. Eles têm razão em sempre suspeitar das instituições humanas; estão certos em não confiar em príncipes nem em qualquer filho do homem. O líder escolhido para ser amigo do povo torna-se inimigo do povo; o jornal criado para dizer a verdade agora existe para impedir que a verdade seja dita. Aqui, digo, senti que realmente estava, enfim, ao lado dos revolucionários. E, então, recuperei o fôlego mais uma vez, pois me lembrei de que, mais uma vez, estava do lado dos ortodoxos.

O cristianismo falou de novo e disse: "Sempre afirmei que os homens são naturalmente inclinados a retroceder; que a virtude humana tende, por sua própria natureza, a enferrujar ou apodrecer; sempre disse que os seres humanos, em sua essência, se desviam, especialmente os humanos felizes, os orgulhosos e prósperos. Essa revolução eterna, essa desconfiança sustentada através dos séculos, você (sendo um moderno vago) chama de doutrina do progresso. Se fosse filósofo, chamaria, como eu, de doutrina do pecado original. Pode chamá-la de avanço cósmico o quanto quiser; eu a chamo pelo que é — a Queda."

Eu falei sobre a ortodoxia chegando como uma espada; aqui confesso que ela chegou como uma alabarda. Pois, na verdade (quando comecei a pensar nisso), o cristianismo é a única coisa que resta que tem qualquer direito real de questionar o poder dos bem-criados ou dos bem-nascidos. Já escutei socialistas, ou mesmo democratas, dizerem que as condições físicas dos pobres os tornam necessariamente degradados do ponto de vista mental e moral. Já escutei homens de ciência (e ainda existem homens de ciência que não são contrários à democracia) dizendo que, se dermos aos pobres condições mais saudáveis, o vício e o erro desaparecerão. Eu os ouvi com uma atenção horrível, com uma fascinação terrível. Pois era como assistir um homem serrando energeticamente do tronco o galho em que ele está sentado. Se esses democratas felizes conseguissem comprovar seu argumento, matariam a democracia. Se os pobres estão assim totalmente desmoralizados, pode ser prático, ou não, elevá-los. Mas com certeza é muito prático desprivilegiá-los. A classe governante pode, de forma razoável, dizer: "Podemos levar algum tempo para reformar o quarto dele. Mas, se ele é bruto como você afirma, levará pouquíssimo tempo para ele arruinar nosso país. Portanto, seguiremos sua dica e não lhe daremos a chance." É um entretenimento macabro observar o modo industrioso como o sincero socialista lança as bases de toda aristocracia discorrendo tranquilamente sobre a evidente inaptidão dos pobres para governar. É como ouvir alguém em uma festa desculpando-se por entrar sem traje formal, explicando-se com base na embriaguez recente, no hábito de tirar a roupa na rua e no fato de que acabou de trocar o uniforme da prisão. A qualquer momento, imagina-se, o anfitrião pode dizer que, se a circunstância for tão ruim assim, ele não precisa entrar. Ocorre o mesmo quando o socialista comum, com uma face radiante, prova que os pobres, após suas experiências esmagadoras, não são confiáveis de verdade. A qualquer momento, os ricos podem dizer "Muito bem, então não confiaremos neles" e bater a porta na sua cara. Com base na visão do sr. Blatchford sobre

A eterna revolução

hereditariedade e ambiente, o argumento em favor da aristocracia é bastante avassalador. Se lares limpos e ar puro formam almas limpas, por que não dar o poder (ao menos por ora) àqueles que indubitavelmente têm o ar puro? Se melhores condições tornarão os pobres mais aptos a governar a si mesmos, por que essas melhores condições não fariam os ricos já mais aptos a governá-los? No argumento ambiental comum, a conclusão é clara: a classe confortável deve ser apenas nossa vanguarda na Utopia.

Existe alguma resposta para a proposição de que aqueles que tiveram as melhores oportunidades provavelmente serão nossos melhores guias? Alguma resposta para o argumento de que aqueles que respiraram ar limpo deveriam decidir por aqueles que respiraram ar poluído? Até onde sei, só há uma resposta, e essa resposta é o cristianismo. Somente a Igreja Cristã pode oferecer uma objeção racional à confiança absoluta nos ricos. Pois ela afirmou desde o início que o perigo não estava no ambiente do homem, mas no próprio homem. Além disso, ela afirmou que, se vamos falar de um ambiente perigoso, o ambiente mais perigoso de todos é o ambiente cômodo. Sei que a manufatura mais moderna tem se ocupado em tentar produzir uma agulha anormalmente grande. Sei que os mais novos biólogos têm se esforçado para descobrir um camelo muito pequeno. Mas, mesmo que diminuíssemos o camelo ao mínimo ou aumentássemos o olho da agulha ao máximo — se, em resumo, tomássemos as palavras de Cristo[16] no sentido mais simplificado possível —, suas palavras ainda devem significar ao menos isto: que os

---

16 Em Mateus 19:24, Marcos 10:25, e Lucas 18:25, Jesus usa a metáfora do camelo e do fundo de uma agulha para ilustrar a dificuldade de um rico entrar no reino de Deus.

ricos provavelmente não são confiáveis do ponto de vista moral. O cristianismo, mesmo diluído, ainda é intenso o bastante para ferver toda a sociedade moderna, reduzindo-a a frangalhos. O mero *minimum* da Igreja seria um ultimato mortal para o mundo. Pois todo o mundo moderno é absolutamente baseado na suposição de que os ricos não apenas são necessários (o que é aceitável), mas de que são confiáveis, o que (para um cristão) não é aceitável. Em todas as discussões sobre jornais, empresas, aristocracias ou política partidária, você ouvirá este argumento de modo incessante: que o homem rico não pode ser subornado. O fato, claro, é que o homem rico já está subornado, ele já foi subornado. Por isso ele é um homem rico. Todo o argumento do cristianismo é que um homem que depende dos luxos desta vida é um homem corrupto — espiritualmente corrupto, politicamente corrupto, financeiramente corrupto. Cristo e todos os santos cristãos disseram uma coisa com uma espécie de monotonia brutal: disseram apenas que ser rico é estar em um perigo peculiar de naufrágio moral. Não é demonstravelmente anticristão matar os ricos como violadores da justiça definível. Não é demonstravelmente anticristão coroar os ricos como governantes adequados da sociedade. Não é certamente anticristão se rebelar contra os ricos ou se submeter aos ricos. Mas é certamente anticristão confiar nos ricos, considerá-los pessoas com uma moral mais confiáveis que os pobres. Um cristão pode dizer de modo coerente: "Respeito o posto desse homem, embora ele aceite subornos." Mas um cristão não pode dizer, como todos os homens modernos dizem no almoço e no café da manhã: "Um homem desse posto não aceitaria subornos." Pois é parte do dogma cristão que qualquer homem em qualquer posição

A eterna revolução

pode aceitar subornos. Isso é parte do dogma cristão; e, por uma coincidência curiosa, também é parte da óbvia história humana. Quando as pessoas dizem que um homem "nessa posição" seria incorruptível, não há necessidade de trazer o cristianismo para a discussão. Lord Bacon era um engraxate? O duque de Marlborough era um varredor de rua? Na melhor Utopia, devo estar preparado para a queda moral de qualquer homem em qualquer posição a qualquer momento, em especial para a minha própria queda em minha posição neste momento.

Muito do jornalismo vago e sentimental defende que o cristianismo é próximo da democracia, mas raramente tem clareza ou força para refutar o fato de que essas duas ideias já se confrontaram. A verdadeira base de união entre cristianismo e democracia é bem mais profunda. A ideia especial e singularmente anticristã é a de Carlyle[17] — a ideia de que deve governar o homem que sente que pode governar. Seja lá o que o cristianismo diga, ele nega isso; se nossa fé comenta algo sobre governo, é provável que seja isto: deve governar quem NÃO pensa que pode governar. O herói de Carlyle pode dizer "Eu serei rei", mas o cristão deve dizer "*Nolo episcopari*" (Não desejo ser bispo). Se o grande paradoxo do cristianismo significa algo, significa isto: que devemos pegar a coroa em nossas mãos e buscar nos recantos mais distantes e sombrios da terra até encontrarmos o homem que se sente inapto a usá-la. Carlyle estava completamente errado; não devemos coroar o homem excepcional

---

17 Thomas Carlyle foi um influente escritor, historiador e filósofo escocês, famoso por suas críticas à sociedade industrial, à defesa do heroísmo e da liderança forte.

que sabe que pode governar, mas sim o homem ainda mais excepcional que sabe que não pode.

Ora, essa é uma das duas ou três defesas essenciais da democracia operante. A simples maquinaria de votação não é democracia, embora, no momento, não seja fácil encontrar um método democrático mais simples. Mas até a própria estrutura de votação é profundamente cristã nesse sentido prático: trata-se de uma tentativa de acessar a opinião daqueles que seriam modestos demais para oferecê-la por conta própria. É uma aventura mística; consiste, de forma especial, em confiar naqueles que não confiam em si mesmos. Esse enigma é estritamente peculiar à cristandade. Não há nada de fato humilde na abnegação budista; o hindu gentil é gentil, mas não é humilde. Mas há algo psicologicamente cristão na ideia de buscar a opinião do obscuro em vez de seguir o caminho óbvio de aceitar a opinião dos proeminentes. Dizer que o voto é particularmente cristão pode parecer curioso. Dizer que a campanha eleitoral é cristã pode parecer uma completa insanidade. Mas a campanha eleitoral é muito cristã em sua ideia fundamental. Ela encoraja o humilde; diz ao homem modesto: "Amigo, suba mais alto." Ou, se há algum pequeno defeito na campanha, em sua plena e completa piedade, é apenas porque ela pode negligenciar o encorajamento da modéstia no próprio candidato.

A aristocracia não é uma instituição: a aristocracia é um pecado; geralmente, um pecado muito venial. É apenas a inclinação ou o desvio natural dos homens para uma espécie de pomposidade e louvor aos poderosos, o que é a coisa mais fácil e óbvia do mundo.

A eterna revolução

É uma das muitas respostas à fugaz perversão da "força" moderna o fato de que as instituições mais rápidas e audaciosas também são as mais frágeis ou sensíveis. As coisas mais rápidas são as mais suaves. Um pássaro é ágil porque é leve; uma rocha é imóvel porque é dura. A rocha, por sua natureza, tende a cair, pois a dureza é fraqueza. O pássaro, por sua natureza, pode alçar voo, pois a fragilidade é força. Na força ideal, há uma espécie de frivolidade, uma leveza que permite manter-se no ar. Os modernos investigadores da história dos milagres admitem solenemente que uma característica dos grandes santos é o poder de "levitação". Poderiam ir além: uma característica dos grandes santos é o poder de leveza. Os anjos conseguem voar porque conseguem levar a si mesmos com leveza. Esse sempre foi o instinto da cristandade, em especial da arte cristã. Lembrem-se de como Fra Angelico representou todos os seus anjos não apenas como pássaros, mas quase como borboletas. Lembrem-se de como a arte medieval mais intensa era cheia de vestes leves e esvoaçantes, de pés céleres e saltitantes. Foi a única coisa que os pré-rafaelitas modernos não conseguiram imitar nos verdadeiros pré-rafaelitas. Burne-Jones[18] nunca conseguiu recuperar a profunda leveza da Idade Média. Nas antigas pinturas cristãs, o céu sobre cada figura é como um paraquedas azul ou dourado. Cada figura parece pronta para voar e flutuar nos céus. O manto rasgado do mendigo o sustentará como as plumas irradiantes dos anjos. Mas os reis, em seu pesado ouro, e os orgulhosos, em suas vestes púrpura, naturalmente afundarão, pois o orgulho é

---

18 Burne-Jones foi um artista plástico ligado à escola pré-rafaelita, que buscava inspiração na estética medieval. Compôs vitrais e telas de inspiração religiosa.

incapaz de alcançar a leveza ou a levitação. O orgulho é o peso que arrasta tudo para uma solenidade fácil. "Acomodamo-nos" em uma espécie de seriedade egoísta, mas é preciso elevar-se ao alegre esquecimento de si. Um homem "cai" em uma sombria meditação; ele estende a mão para alcançar o céu azul. Seriedade não é virtude. Seria uma heresia, mas uma heresia muito mais sensata, dizer que seriedade é um vício. É, na verdade, uma inclinação ou queda natural para se levar a sério, pois é a coisa mais fácil a se fazer. É muito mais fácil escrever um bom editorial no *Times* do que uma boa piada na revista *Punch*. Pois a solenidade flui naturalmente dos homens, mas o riso é um salto. É fácil ser pesado; difícil ser leve. Satã caiu pela força da gravidade.

Ora, é uma honra peculiar da Europa cristã que, embora tenha tido aristocracia, sempre a tenha considerado, em seu íntimo, uma fraqueza — geralmente uma fraqueza que deve ser tolerada. Para entender isso, é útil olhar para fora do cristianismo, para outra filosofia. Por exemplo, comparar as classes da Europa com as castas da Índia. Lá, a aristocracia é mais temida porque é mais intelectual; acredita-se seriamente que a escala de classes representa valores espirituais, como se o padeiro fosse superior ao açougueiro em um sentido invisível e sagrado. Mas nenhum cristianismo, nem mesmo o mais ignorante ou distorcido, jamais sugeriu que um baronete fosse melhor que um açougueiro nesse sentido sagrado. Nenhum cristianismo, por mais ignorante ou extravagante que fosse, jamais sugeriu que um duque não poderia ser condenado. Na sociedade pagã, pode ter existido (não sei ao certo) uma divisão séria entre o homem livre e o escravo. Mas, na sociedade cristã, sempre vimos o aristocrata como uma espécie de piada, ainda que, em algumas

A eterna revolução

cruzadas e concílios, ele tenha conquistado o direito de ser considerado uma piada pragmática. Na Europa, nunca levamos a aristocracia a sério de verdade, em nossa essência. Apenas alguns estrangeiros não europeus (como o dr. Oscar Levy,[19] o único nietzschiano inteligente) conseguem, por um momento, levar a aristocracia a sério. Pode ser um mero viés patriótico, mas, para mim, a aristocracia inglesa é não só o modelo, mas o ápice de todas as aristocracias verdadeiras; possui todas as virtudes oligárquicas, assim como todos os defeitos. É casual, gentil, corajosa em questões óbvias, mas tem um grande mérito que supera até esses. O grande e muito evidente mérito da aristocracia inglesa é que ninguém poderia levá-la a sério.

Em resumo, eu havia soletrado lentamente, como de costume, a necessidade de uma lei igualitária na Utopia; e, como de costume, descobri que o cristianismo já estivera lá antes de mim. Toda a história da minha Utopia tem essa mesma tristeza divertida. Eu sempre saía correndo dos estudos de arquitetura com planos para uma nova torre apenas para encontrá-la já erguida brilhando sob o Sol e com mil anos de idade. Para mim, no sentido antigo e, em parte, no moderno, Deus respondeu à oração: "Guia-nos, ó Senhor, em todas as nossas ações."[20] Sem presunção, acho que houve um momento em que eu poderia ter inventado o voto matrimonial (como instituição) por conta própria, mas

---

19 Oscar Levy foi um médico, escritor e filósofo alemão de origem judaica, conhecido por ser um dos primeiros tradutores e divulgadores das obras de Friedrich Nietzsche no mundo de língua inglesa.
20 *"Prevent us, O Lord, in all our doings"* é uma oração tradicional conhecida da liturgia cristã anglicana, especialmente no *Livro de Oração Comum* da Igreja.

Ortodoxia

descobri, com um suspiro, que ele já fora inventado. E, porque seria demorado demais mostrar como, fato por fato e pouco a pouco, minha própria concepção de Utopia só encontrava resposta na Nova Jerusalém, tomarei apenas esse caso do matrimônio para indicar a convergência — ou melhor, a colisão convergente — de todo o resto.

Quando os opositores comuns do socialismo falam sobre impossibilidades e alterações na natureza humana, sempre ignoram uma distinção importante. Nas concepções modernas de uma sociedade ideal, há alguns desejos que talvez não sejam alcançáveis, mas há outros que nem sequer são desejáveis. Que todos os homens vivam em casas igualmente belas pode ser um sonho realizável ou não. Mas que todos vivam na mesma casa bonita não é um sonho, é um pesadelo. Que um homem ame todas as senhoras idosas pode ser um ideal inalcançável. Mas que ele trate todas exatamente como trata sua mãe não é apenas um ideal inatingível, é um ideal que não deveria ser alcançado. Não sei se o leitor concorda comigo nesses exemplos, mas acrescentarei o exemplo que sempre me afetou mais. Nunca consegui conceber ou tolerar qualquer Utopia que não me deixasse a liberdade pela qual mais me interesso: a liberdade de me comprometer. A anarquia total não apenas impossibilitaria qualquer disciplina ou lealdade, tornaria também impossível qualquer diversão. Para citar um exemplo óbvio, não valeria a pena apostar se a aposta não fosse obrigatória. A dissolução de todos os contratos arruinaria não só a moralidade, mas também o esporte. Ora, apostar e outros esportes são apenas formas atrofiadas e distorcidas do instinto original do homem por aventura e romance, sobre o qual muito se falou nestas páginas. E os perigos, recompensas, punições e

A eterna revolução

realizações de uma aventura devem ser reais, ou a aventura é apenas um pesadelo fugidio e sem alma. Se aposto, devo ser obrigado a pagar, ou não há poesia na aposta. Se desafio, devo ser forçado a lutar, ou não há poesia no desafio. Se juro ser fiel, devo ser amaldiçoado quando falho, ou não há diversão no juramento. Nem mesmo se poderia fazer um conto de fadas com as experiências de um homem que, ao ser engolido por uma baleia, pudesse se encontrar no topo da Torre Eiffel, ou ao ser transformado em sapo pudesse começar a agir como um flamingo. Para os fins de qualquer romance, por mais louco que seja, os resultados devem ser reais, os resultados devem ser irrevogáveis. O casamento cristão é o grande exemplo de um resultado real e irrevogável, e é por isso que é o tema e o centro de toda nossa literatura romântica. Este é meu último exemplo das coisas que exigiria, e exigiria imperativamente, de qualquer paraíso social: pediria que mantivessem minha palavra, que meus juramentos e compromissos fossem levados a sério; pediria à Utopia que vingasse minha honra sobre mim mesmo.

Todos os meus amigos utópicos modernos se entreolham com certa dúvida, pois sua esperança última é a dissolução de todos os laços especiais. Entretanto, mais uma vez, parece que ouço, como um tipo de eco, uma resposta do além-mundo: "Você terá obrigações reais e, portanto, aventuras reais quando chegar à minha Utopia. Mas a obrigação mais difícil e a aventura mais árdua é chegar até lá."

CAPÍTULO 8

O ROMANCE DA ORTODOXIA

É costume reclamar da agitação e do trabalho árduo da nossa época. Mas, na verdade, a principal característica da nossa época é uma profunda preguiça e fadiga, e o fato é que a verdadeira preguiça é a causa da agitação aparente. Tomemos um caso bem externo: as ruas estão barulhentas com táxis e automóveis; mas isso não se deve à atividade humana, e sim ao repouso humano. Haveria menos agitação se houvesse mais atividade, se as pessoas simplesmente estivessem caminhando. Nosso mundo seria mais silencioso se fosse mais vigoroso. E o que é verdade para a agitação física aparente também é verdade para a agitação aparente do intelecto. A maior parte da maquinaria da linguagem moderna é uma maquinaria que poupa trabalho, e ela poupa trabalho mental muito mais do que deveria. Frases científicas são usadas como rodas e pistões científicos para tornar mais rápido e suave o caminho do conforto. Palavras longas passam ruidosas por nós como longos trens de ferrovia. Sabemos que elas carregam milhares que estão cansados ou indolentes demais para andar e pensar por conta própria. É um bom exercício tentar, de vez em quando, expressar qualquer opinião que se tenha em palavras de uma sílaba. Se você disser "A utilidade social da sentença indeterminada é reconhecida por todos os criminologistas como parte da nossa evolução sociológica rumo a uma visão mais humana e científica do castigo", conseguirá continuar falando assim por horas com quase nenhum movimento da massa cinzenta dentro do crânio. Mas, se começar com "Quero que Jones vá para a cadeia e Brown decida quando Jones sairá", você descobrirá, com um calafrio de espanto, que é obrigado a pensar. As palavras longas não são as palavras difíceis, são as palavras curtas que são difíceis. Há muito mais sutileza metafísica na palavra "mal" do que na palavra "degenerescência".

Mas essas palavras longas e confortáveis, que poupam as pessoas modernas do trabalho de raciocinar, têm um aspecto particular no qual são especialmente prejudiciais e confusas. Essa dificuldade ocorre quando a mesma palavra longa é usada em diferentes contextos para significar coisas completamente distintas. Assim, para citar um exemplo conhecido, a palavra "idealista" tem um significado como conceito filosófico e um significado completamente diferente como retórica moral. Da mesma forma, os materialistas científicos têm justa razão em reclamar quando as pessoas confundem "materialista" como termo de cosmologia com "materialista" como um insulto moral. Desse modo, para citar um exemplo mais banal, o homem que odeia "progressistas" em Londres sempre se chama de "progressista" na África do Sul.

Uma confusão tão sem sentido quanto esta surgiu em relação ao uso da palavra "liberal" aplicada à religião e à

O romance da ortodoxia

política e sociedade. Muitas vezes se sugere que todos os liberais deveriam ser livres-pensadores porque deveriam amar tudo que é livre. Poder-se-ia dizer, com a mesma lógica, que todos os idealistas deveriam ser membros da Alta Igreja porque deveriam amar tudo que é elevado. Poder-se-ia também dizer que os membros da Baixa Igreja deveriam gostar de missa baixa, ou que os membros da Igreja do Meio deveriam gostar de piadas de duplo sentido. A questão é um mero acidente de palavras. Na Europa moderna, um livre-pensador não significa um homem que pensa por si mesmo. Significa um homem que, tendo pensado por si mesmo, chegou a uma classe específica de conclusões, tais como a origem material dos fenômenos, a impossibilidade dos milagres, a improbabilidade da imortalidade pessoal, e assim por diante. E nenhuma dessas ideias é particularmente liberal. De fato, quase todas essas ideias são definitivamente antiliberais, como é o propósito deste capítulo demonstrar.

Nas próximas páginas, proponho apontar, o mais depressa possível, que, em cada uma das questões mais enfaticamente defendidas pelos liberalizadores da teologia, o efeito sobre a prática social seria definitivamente iliberal. Quase toda proposta contemporânea de trazer liberdade para a Igreja é apenas uma proposta de trazer tirania para o mundo. Pois liberar a Igreja agora não significa sequer liberá-la em todas as direções. Significa liberar aquele conjunto peculiar de dogmas vagamente chamados de científicos: dogmas do monismo, do panteísmo, do arianismo ou da necessidade. E cada um deles (e os abordaremos um a um) pode ser mostrado como aliado natural da opressão. De fato, é uma circunstância notável (embora não tão notável quando se pensa sobre o assunto) que a maioria das coisas seja aliada da opressão. Há apenas uma coisa que nunca pode ultrapassar certo ponto em sua aliança com a opressão — e essa coisa é a ortodoxia. É verdade que posso distorcer a ortodoxia para justificar parcialmente um tirano. Mas também é fácil inventar uma filosofia alemã para justificá-lo em sua totalidade.

Agora vamos abordar, uma por uma, as inovações que são características da nova teologia ou da Igreja modernista. Concluímos o último capítulo com a descoberta de uma delas. A própria doutrina que é considerada a mais antiquada acabou por ser tornar a única salvaguarda das novas democracias da Terra. A doutrina aparentemente mais impopular passou a ser vista como a única força do povo. Em resumo, descobrimos que a única negação lógica da oligarquia estava na afirmação do pecado original. Assim é, afirmo, em todos os outros casos.

Primeiro, tomo o exemplo mais óbvio, o caso dos milagres. Por alguma razão extraordinária, existe a noção fixa de que é mais liberal não acreditar em milagres do que acreditar neles. Por quê, eu não consigo imaginar, nem ninguém pode me dizer. Por alguma causa inconcebível, um clérigo "do meio" ou "liberal" sempre significa alguém que deseja pelo menos diminuir o número de milagres, nunca significa alguém que deseja aumentar esse número. Sempre significa alguém livre para não acreditar que Cristo saiu do túmulo, nunca significa alguém livre para acreditar que a própria tia saiu do túmulo. É comum encontrar problemas em uma paróquia porque o padre não pode admitir que Pedro andou sobre a água, mas quão raramente encontramos problemas em uma paróquia porque o clérigo diz que seu pai andou sobre o lago Serpentine? E isso não acontece

O romance da ortodoxia

porque (como o rápido debatedor secularista imediatamente replicaria) não é possível crer nos milagres em nossa experiência. Não é porque "milagres não acontecem", como no dogma que Matthew Arnold[1] recitou com fé simples. ALEGA-SE que mais coisas sobrenaturais aconteceram em nosso tempo do que seria possível há oitenta anos. Homens de ciência acreditam em tais maravilhas muito mais do que antes: os mais perplexos e até horríveis prodígios da mente e do espírito estão sendo sempre desvelados na psicologia moderna. Eventos milagrosos que a velha ciência teria, no mínimo, rejeitado sem rebuço estão sendo constantemente afirmados pela nova ciência. A única coisa ainda antiquada o bastante para rejeitar milagres é a Nova Teologia. Mas, na verdade, essa noção de que ela é "livre" para negar milagres não tem nada a ver com a evidência a favor ou contra eles. É um preconceito verbal sem vida, cuja origem e princípio não estavam na liberdade de pensamento, mas simplesmente no dogma do materialismo. O homem do século XIX não deixou de acreditar na Ressurreição porque seu cristianismo liberal permitiu que ele duvidasse dela. Ele deixou de acreditar nela porque seu materialismo muito estrito não permitia que ele acreditasse. Tennyson, um homem muito típico do século XIX, proferiu uma das verdades instintivas de seus contemporâneos quando disse que havia fé em sua honesta dúvida. De fato, havia. Essas palavras têm uma verdade profunda e até terrível. Na sua dúvida sobre milagres, havia uma fé em um destino fixo e sem Deus, uma fé

---

1 Matthew Arnold foi um poeta, crítico literário e educador inglês, conhecido por seus ensaios críticos, nos quais defendia a importância da cultura e da educação como meios para melhorar a sociedade.

profunda e sincera na rotina incurável do cosmo. As dúvidas do agnóstico eram apenas os dogmas do monista. Sobre o fato e a evidência do sobrenatural, falarei mais adiante. Aqui, estamos apenas preocupados com este ponto inequívoco: na medida em que se possa dizer que a ideia liberal de liberdade está de um lado ou de outro na discussão sobre milagres, é evidente que está do lado dos milagres. Reforma ou (no único sentido tolerável) progresso significa nada mais que o controle gradual da matéria pela mente. Um milagre significa apenas o rápido controle da matéria pela mente. Se você deseja alimentar as pessoas, pode pensar que alimentá-las miraculosamente no deserto é impossível — mas não pode achar que é iliberal. Se você realmente deseja que crianças pobres vão à praia, não pode considerar iliberal que elas cheguem lá em dragões voadores; só pode considerar improvável. Um feriado, como o liberalismo, apenas significa a liberdade do homem. Um milagre significa apenas a liberdade de Deus. Você pode negar qualquer um dos dois de maneira consciente, mas não pode chamar sua negação de um triunfo da ideia liberal. A Igreja Católica acreditava que tanto o homem quanto Deus tinham uma espécie de liberdade espiritual. O calvinismo tirou a liberdade do homem, mas resguardou a de Deus. O materialismo científico prende o próprio Criador, acorrenta Deus assim como o Apocalipse acorrentou o diabo.[2] Não deixa nada livre no universo. E aqueles que apoiam esse processo são chamados de "teólogos liberais".

Como eu disse, esse é o caso mais leve e evidente. A suposição de que há algo na dúvida sobre os milagres que se

---

2 Alusão a Apocalipse 20:1-3.

O romance da ortodoxia

assemelha à liberalidade ou ao reformismo é literalmente o oposto da verdade. Se um homem não pode acreditar em milagres, isso encerra a questão; ele não é particularmente liberal, mas é perfeitamente honrado e lógico, o que são coisas muito melhores. Mas, se ele pode acreditar em milagres, com certeza se torna mais liberal por isso, porque os milagres significam, primeiro, a liberdade da alma e, segundo, o controle da alma sobre a tirania das circunstâncias. Às vezes essa verdade é ignorada com singular ingenuidade até mesmo pelos homens mais capazes. Por exemplo, o sr. Bernard Shaw fala com um desprezo antiquado e sincero pela ideia dos milagres como se fossem uma espécie de quebra de confiança por parte da natureza: ele parece estranhamente inconsciente de que os milagres são apenas as flores finais da sua própria árvore favorita: a doutrina da onipotência da vontade. Da mesma forma, chama o desejo pela imortalidade de um egoísmo mesquinho esquecendo-se de que acabou de chamar o desejo pela vida de um egoísmo saudável e heroico. Como pode ser nobre o desejo de tornar a própria vida infinita e, ao mesmo tempo, vil o desejo de torná-la imortal? Não, se é desejável que o homem triunfe sobre a crueldade da natureza ou do costume, então os milagres são certamente desejáveis; discutiremos depois se eles são possíveis.

Mas devo seguir para os casos maiores deste curioso erro: a noção de que a "liberalização" da religião de alguma forma auxilia a libertação do mundo. O segundo exemplo pode ser encontrado na questão do panteísmo — ou, mais precisamente, de certa atitude moderna com frequência chamada de imanentismo e que muitas vezes se assemelha ao budismo. Mas esse é um assunto muito mais complexo, e, portanto, devo abordá-lo com um pouco mais de preparação. As coisas ditas com mais confiança por pessoas avançadas a auditórios lotados são, em geral, completamente opostas ao fato; são, na verdade, nossos truísmos que são falsos. Aqui está um exemplo. Há uma frase de liberalidade fácil repetida inúmeras vezes em sociedades éticas e parlamentos de religião: "As religiões da terra diferem em ritos e formas, mas são iguais no que ensinam." É falso, é o oposto da verdade. As religiões da terra não diferem muito em ritos e formas, diferem muito no que ensinam. É como se um homem dissesse: "Não se deixe enganar pelo fato de que o *Church Times* e o *Freethinker* parecem totalmente diferentes, que um é pintado em velino e o outro esculpido em mármore, que um é triangular e o outro hexagonal; leia-os e verá que dizem a mesma coisa." A verdade é, obviamente, que eles são iguais em tudo, exceto no fato de que não dizem a mesma coisa. Um corretor de ações ateu em Surbiton parece exatamente igual a um corretor de ações swedenborgiano[3] em Wimbledon. Você pode andar ao redor deles e submetê-los ao exame mais pessoal e ofensivo sem ver nada de swedenborgiano no chapéu ou algo particularmente ímpio no guarda-chuva. É exatamente nas suas almas que eles estão divididos. Portanto, a verdade é que a dificuldade de todos os credos da terra não é, como alegado nessa máxima rasa, que eles concordam em significado, mas diferem em maquinaria. É exatamente o oposto. Eles concordam na maquinaria; quase todas as grandes religiões da terra funcionam com os

---

3 Refere-se a Emanuel Swedenborg, cientista, teólogo e místico sueco, cujas ideias influenciaram o espiritismo e o pensamento esotérico (N. da E.).

O romance da ortodoxia

mesmos métodos externos com sacerdotes, escrituras, altares, irmandades juramentadas, celebrações especiais. Eles concordam no modo de ensinar, no que diferem é sobre o que ensinar. Tanto otimistas pagãos quanto pessimistas orientais teriam templos, assim como liberais e conservadores teriam jornais. Credos que existem para destruir um ao outro têm, ambos, escrituras, assim como exércitos que existem para destruir um ao outro têm armas.

O grande exemplo dessa alegada identidade de todas as religiões humanas é a suposta identidade espiritual entre o budismo e o cristianismo. Aqueles que adotam essa teoria, via de regra, evitam a ética da maioria dos outros credos, exceto, é claro, o confucionismo, que apreciam porque não é propriamente um credo. Mas são cautelosos em seus elogios ao maometanismo, geralmente se limitando a impor sua moralidade apenas no que diz respeito ao lazer das classes mais baixas. Raro sugerem a visão maometana sobre o casamento (sobre a qual há muito a ser dito) e, em relação aos Thugs[4] e adoradores de fetiches, sua atitude pode até ser chamada de fria. No caso da grande religião de Gautama, porém, eles de fato sentem uma semelhança.

Estudiosos de ciência popular, como o sr. Blatchford, estão sempre insistindo que o cristianismo e o budismo são muito parecidos — em especial o budismo. Geralmente se acredita nisso, e eu mesmo acreditei até ler um livro[5] que dava razões para isso. As razões eram de dois tipos: semelhanças

---

4 Os Thugs eram uma seita secreta de assassinos e ladrões na Índia, ativa entre os séculos xiv e xix, suprimidos pelos britânicos durante o século xix.
5 *God and My Neighbour* [Deus e meu vizinho, em tradução livre], publicada em 1903, é uma obra do jornalista britânico Robert Blatchford na qual ele apresenta uma crítica ao cristianismo de forma racionalista e secular.

Ortodoxia

que não significavam nada porque eram comuns a toda a humanidade, e semelhanças que não eram semelhanças de forma alguma. O autor explicava solenemente que os dois credos eram parecidos em coisas nas quais todos os credos são parecidos, ou então os descrevia como semelhantes em algum ponto em que as diferenças eram óbvias. Assim, como exemplo da primeira classe, ele disse que tanto Cristo quanto Buda foram chamados pela voz divina que vinha do céu, como se alguém esperasse que a voz divina viesse do carvoeiro. Ou ainda, afirma seriamente que esses dois mestres orientais, por uma coincidência singular, tinham relação com a lavagem de pés. Você poderia muito bem dizer que foi uma coincidência notável que ambos tivessem pés para lavar. E as outras semelhanças eram simplesmente que não eram semelhantes. Assim, esse reconciliador das duas religiões chama com fervor a atenção para o fato de que, em certas celebrações religiosas, o manto do Lama é rasgado em pedaços por respeito e os pedaços são altamente valorizados. No entanto, isso é o oposto de uma semelhança, pois as vestes de Cristo não foram rasgadas em pedaços por respeito, mas por escárnio, e os pedaços não foram altamente valorizados, exceto pelo que poderiam render nas lojas de trapos. É mais ou menos como aludir à óbvia conexão entre as duas cerimônias da espada: quando toca o ombro de um homem e quando corta sua cabeça. Não é nada semelhante para o homem. Essas migalhas de pedantismo pueril realmente importariam pouco se não fosse também verdade que as supostas semelhanças filosóficas são também desses dois tipos: ou provando demais ou não provando nada. Dizer que o budismo aprova a misericórdia ou a autodisciplina

O romance da ortodoxia

não significa que ele seja especialmente parecido com o cristianismo, significa apenas que não é totalmente diferente de toda a existência humana. Os budistas desaprovam, em teoria, a crueldade ou o excesso porque todos os seres humanos sãos desaprovam, em teoria, a crueldade ou o excesso. Mas dizer que o budismo e o cristianismo apresentam a mesma filosofia sobre essas coisas é simplesmente falso. Toda a humanidade concorda que estamos enredados pelo pecado. A maioria da humanidade concorda que há alguma saída. Mas, quanto ao que é a saída, não acho que haja duas instituições no universo que se contradigam tão claramente quanto o budismo e o cristianismo.

Mesmo quando eu pensava, como a maioria das pessoas bem-informadas, embora não eruditas, que o budismo e o cristianismo eram semelhantes, havia uma coisa a respeito deles que sempre me deixava perplexo; refiro-me à diferença marcante no tipo de arte religiosa. Não me refiro ao estilo técnico de representação, mas às coisas que manifestamente pretendiam representar. Dois ideais não poderiam ser mais opostos do que um santo cristão em uma catedral gótica e um santo budista em um templo chinês. A oposição existe em todos os pontos, mas talvez a forma mais breve de a expressar seja que o santo budista sempre tem os olhos fechados, enquanto o santo cristão os tem bem abertos. O santo budista tem um corpo suave e harmonioso, mas seus olhos estão pesados e selados pelo sono. O corpo do santo medieval está reduzido a seus ossos débeis, mas seus olhos estão assustadoramente vivos. Não pode haver qualquer afinidade espiritual real entre forças que produziram símbolos tão diferentes quanto esses. Admitindo que ambas as imagens sejam exageros, sejam distorções do credo puro, deve

Ortodoxia

haver uma verdadeira divergência que permitiria produzir exageros tão opostos. O budista olha com uma peculiar concentração para o interior. O cristão encara com uma intensidade impetuosa o exterior. Se seguirmos essa pista com firmeza, descobriremos coisas interessantes. Há pouco tempo, a sra. Besant,[6] em um ensaio interessante, anunciou que havia apenas uma religião no mundo, que todas as crenças eram apenas versões ou distorções dessa religião, e que ela estava perfeitamente preparada para dizer qual era. Segundo a sra. Besant, essa Igreja universal é simplesmente o "eu" universal. É a doutrina de que, na verdade, todos somos uma única pessoa, que não existem barreiras reais de individualidade entre um homem e outro. Se posso colocar desta forma, ela não nos diz para amarmos nosso próximo, ela nos diz para sermos nosso próximo. Essa é a descrição ponderada e sugestiva da sra. Besant sobre a religião, em que todos os homens devem encontrar um ponto de concordância. E nunca ouvi uma sugestão da qual discordasse mais em toda a minha vida. Quero amar o meu próximo não porque ele seja eu, mas precisamente porque ele não é eu. Quero adorar o mundo não como quem gosta de um espelho porque é um reflexo de si mesmo, mas como quem ama uma mulher porque ela é totalmente diferente. Se as almas são separadas, o amor é possível. Se as almas são unidas, o amor é obviamente impossível. Pode-se dizer, de forma imprecisa, que um homem ama a si mesmo, mas é difícil que ele se apaixone por si mesmo, ou, se o faz, deve ser um relacionamento monótono. Se o mundo está cheio de "eus" reais,

---

6 Annie Besant foi uma escritora, ativista social e líder teosófica britânica, conhecida por sua defesa dos direitos das mulheres, reformas sociais e apoio à independência da Índia.

esses "eus" podem ser realmente altruístas. Mas, segundo o princípio da sra. Besant, todo o cosmos é apenas uma pessoa enormemente egoísta. É justamente aqui que o budismo está do lado do panteísmo moderno e da imanência. E é justamente aqui que o cristianismo está do lado da humanidade, da liberdade e do amor. O amor deseja a personalidade; portanto, o amor deseja a divisão. É o instinto do cristianismo alegrar-se pelo fato de Deus ter quebrado o universo em pequenas partes porque são partes vivas. É seu instinto dizer "filhinhos, amai-vos uns aos outros"[7] em vez de dizer a uma grande pessoa que ame a si mesma. Este é o abismo intelectual entre o budismo e o cristianismo; para o budista ou teosofista, a personalidade é a queda do homem, para o cristão, é o propósito de Deus, o ponto central de sua ideia cósmica. A alma universal dos teosofistas pede ao homem que a ame apenas para que o homem possa lançar-se dentro dela. Mas o centro divino do cristianismo, de fato, lançou o homem para fora dele para que ele pudesse amá-lo. A divindade oriental é como um gigante que perdeu a perna ou a mão e está sempre procurando encontrá-la, mas o poder cristão é como um gigante que, em uma estranha generosidade, corta a mão direita para que ela, por conta própria, possa apertar sua mão. Voltamos à mesma nota incansável sobre a natureza do cristianismo; todas as filosofias modernas são correntes que conectam e prendem; o cristianismo é uma espada que separa e liberta. Nenhuma outra filosofia faz Deus se alegrar de verdade com a separação do universo em almas vivas. Mas, segundo o cristianismo ortodoxo, essa separação entre Deus e o homem é sagrada porque é eterna. Para que um homem ame

---

7 Alusão à primeira epístola de João 4:7-11.

a Deus, é necessário que haja não apenas um Deus para ser amado, mas também um homem para amá-lo. Todas aquelas mentes teosóficas vagas, para as quais o universo é um imenso caldeirão, são exatamente as mentes que recuam por instinto diante daquela terrível frase de nossos Evangelhos que declara que o Filho de Deus veio não para trazer paz, mas uma espada que divide.[8] A frase soa inteiramente verdadeira, mesmo sendo o que obviamente é: a afirmação de que qualquer homem que pregue o amor verdadeiro está fadado a gerar ódio. Isso é tão verdadeiro para a fraternidade democrática quanto para o amor divino; o amor falso termina em compromisso e filosofia comum, mas o amor verdadeiro sempre terminou em derramamento de sangue. No entanto, há outra verdade ainda mais terrível por trás do significado óbvio dessa declaração de Nosso Senhor. De acordo com Ele mesmo, o Filho era uma espada separando irmão de irmão para odiarem-se mutuamente por um éon. Mas o Pai também era uma espada que, no início sombrio, separou irmão de irmão para que enfim se amassem.

Esse é o significado daquela felicidade quase insana nos olhos do santo medieval na imagem. Esse é o significado dos olhos cerrados da magnífica imagem budista. O santo cristão é feliz porque foi verdadeiramente separado do mundo; ele está separado das coisas e as observa com espanto. Mas por que o santo budista ficaria espantado com as coisas? Já que há, em realidade, apenas uma coisa, e essa, sendo impessoal, dificilmente poderia se espantar consigo mesma. Houve muitos poemas panteístas sugerindo maravilhamento, mas nenhum realmente bem-sucedido. O panteísta não pode se maravilhar, pois não pode louvar a Deus ou louvar

---

8 Alusão a Mateus 10:34-42, e Lucas 12:51-53.

O romance da ortodoxia

qualquer coisa como de fato distinta de si mesmo. Nosso assunto imediato aqui, entretanto, é o efeito dessa admiração cristã (que se projeta para fora em direção a uma divindade distinta do adorador) sobre a necessidade geral de atividade ética e reforma social. E, sem dúvida, seu efeito é suficientemente óbvio. Não há possibilidade real de extrair do panteísmo qualquer impulso especial para a ação moral. Pois o panteísmo implica, em sua natureza, que uma coisa é tão boa quanto outra, enquanto a ação implica, em sua natureza, que uma coisa é muito mais desejável que outra. Swinburne, no auge de seu ceticismo, tentou em vão lutar com essa dificuldade. Em *Songs before Sunrise* ["Canções antes do amanhecer", em tradução livre], coletânea de poemas escrita sob a inspiração de Giuseppe Garibaldi e da revolta da Itália, ele proclamou a nova religião e o Deus mais puro que deveria extinguir todos os sacerdotes do mundo:

> O que fazes agora
> Olhando para Deus para clamar:
> Eu sou eu, tu és tu,
> Eu sou baixo, tu és alto,
> Eu sou aquele que tu que buscas para encontrá-lo, encontra
> Mas apenas a ti mesmo, tu és eu.

Da qual a dedução imediata e evidente é que os tiranos são tão filhos de Deus quanto os Garibaldi; e que Fernando II das Duas Sicílias, o Rei Bomba de Nápoles, tendo, com o maior sucesso, "encontrado a si mesmo", é idêntico ao bem supremo em todas as coisas. A verdade é que a energia ocidental que destrona tiranos é diretamente decorrente da teologia ocidental, que diz: "Eu sou eu, tu és tu." A mesma separação espiritual que olhou para o alto e viu um bom rei no universo olhou para o alto e viu um mau rei em Nápoles. Os adoradores do deus de Bomba destronaram Bomba. Os adoradores do deus de Swinburne cobriram a Ásia por séculos e nunca destronaram um tirano. O santo indiano pode, com sensatez, fechar os olhos porque está olhando para aquilo que é Eu, Tu, Nós, Eles e Isso. É uma ocupação racional, mas não é verdade, nem em teoria nem na prática, que isso ajude o indiano a manter os olhos em Lord Curzon.[9] Aquela vigilância externa que sempre foi a marca do cristianismo (o mandamento de VIGIAR e orar)[10] se expressou tanto na ortodoxia ocidental típica quanto na política ocidental típica, mas ambas dependem da ideia de uma divindade transcendente, diferente de nós mesmos, uma deidade que se oculta. Certamente, os credos mais sagazes podem sugerir que devemos perseguir Deus nos círculos cada vez mais profundos do labirinto de nosso próprio ego. Mas somente nós, da cristandade, dissemos que devemos caçar Deus como uma águia nas montanhas, e matamos todos os monstros nessa caça.

Aqui novamente, portanto, constatamos que, enquanto valorizamos a democracia e as energias autorrenovadoras do Ocidente, temos muito mais chances de encontrá-las na teologia antiga do que na nova. Se queremos reforma, devemos aderir à ortodoxia: em especial nesta questão (tão discutida nos conselhos do sr. R.J. Campbell),[11] a questão de

---

9 Lord Curzon, ou George Nathaniel Curzon, foi um político e estadista britânico que serviu na colonização da Índia. Conhecido por suas reformas administrativas e por seu papel na política imperial britânica, ele foi uma figura influente, porém controversa, do século XX.
10 Alusão a Mateus 26:41; Marcos 13:33, e 14:38; e Lucas 21:36.
11 Reginald John Campbell foi um ministro e teólogo britânico, conhecido por liderar a Igreja da Cidade de Londres e por promover o Novo Pensamento, um movimento teológico liberal que enfatizava a unidade entre religião e ciência.

insistir em uma divindade imanente ou transcendente. Ao insistir especialmente na imanência de Deus, obtemos introspecção, autoisolamento, quietismo, indiferença social — Tibete. Ao insistir especialmente na transcendência de Deus, obtemos maravilha, curiosidade, aventura moral e política, indignação justa — cristandade. Ao insistir que Deus está dentro do homem, o homem está sempre dentro de si mesmo. Ao insistir que Deus transcende o homem, o homem transcendeu a si mesmo.

Se tomarmos qualquer outra doutrina que tenha sido considerada antiquada, veremos que o caso é o mesmo. É o mesmo, por exemplo, na questão profunda da Trindade. Os unitários (uma seita que nunca deve ser mencionada sem especial respeito por sua distinta dignidade e alta honra intelectual) são muitas vezes reformistas pelo acaso que joga tantas pequenas seitas nessa atitude. Mas não há nada de liberal ou sequer próximo de reforma na substituição do puro monoteísmo pela Trindade. O Deus complexo do Credo Atanasiano pode ser um enigma para o intelecto, mas é muito menos provável que Ele reúna o mistério e a crueldade de um sultão do que o Deus solitário de Omar ou Maomé. O Deus que é uma simples e terrível unidade não é apenas um rei, mas um rei oriental. O CORAÇÃO da humanidade, em especial da humanidade europeia, está certamente muito mais satisfeito com as estranhas insinuações e símbolos que se acumulam em torno da ideia trinitária, a imagem de um conselho no qual a misericórdia pleiteia tanto quanto a justiça, a concepção de uma espécie de liberdade e variedade existente até mesmo no recôndito mais íntimo do mundo. Pois a religião ocidental sempre sentiu intensamente a ideia de que "não é bom que o homem esteja só".¹² O instinto social se afirmou em todos os lugares, como quando a ideia oriental dos eremitas foi praticamente expulsa pela ideia ocidental dos monges. Assim, até mesmo o ascetismo tornou-se fraterno, e os trapistas eram sociáveis, mesmo quando permaneciam em silêncio. Se este amor por uma complexidade viva for nosso teste, é sem dúvida mais saudável ter a religião trinitária do que a unitária. Pois para nós, trinitários (se me permitem dizer com reverência) — para nós, Deus em Si mesmo é uma sociedade. É, de fato, um mistério insondável da teologia e, mesmo se eu fosse teólogo o suficiente para lidar com ele de maneira direta, não seria relevante fazê-lo aqui. Basta dizer aqui que esse triplo enigma é tão reconfortante quanto o vinho e tão acolhedor quanto uma lareira inglesa, que esta coisa que confunde o intelecto acalma o coração profundamente: mas do deserto, dos lugares secos e dos sóis terríveis vêm os filhos cruéis do Deus solitário; os verdadeiros unitários que, de cimitarra em punho, devastaram o mundo. Pois não é bom que Deus esteja só.

Mais uma vez, o mesmo se aplica à difícil questão do perigo da alma, que tem desestabilizado tantas mentes justas. Esperar pela salvação de todas as almas é imperativo, e é bastante defensável que sua salvação seja inevitável. Isso é defensável, mas não é particularmente favorável à atividade ou ao progresso. Nossa sociedade, que luta e cria, deveria antes insistir no perigo para todos no fato de que cada homem está pendurado por um fio ou se agarrando a um precipício. Dizer que tudo, por fim, ficará bem é uma afirmação compreensível, mas não se pode chamá-la do toque de uma trombeta. A Europa deveria enfatizar a possível perdição, e a Europa

---

12 Alusão a Gênesis 2:18.

O romance da ortodoxia

sempre a enfatizou. Aqui, sua religião mais elevada está em sintonia com todos os seus romances mais baratos. Para o budista ou o fatalista oriental, a existência é uma ciência ou um plano que deve terminar de uma certa maneira. Mas, para um cristão, a existência é uma HISTÓRIA que pode terminar de qualquer maneira. Em um romance emocionante (esse produto puramente cristão), o herói não é devorado por canibais, mas é essencial para a emoção que ele POSSA ser devorado por canibais. O herói deve (por assim dizer) ser um herói comestível. Assim, a moral cristã sempre disse ao homem não que ele perderia a alma, mas que ele deve tomar cuidado para não a perder. Em suma, na moral cristã, é perverso chamar alguém de "condenado", mas é estritamente religioso e filosófico chamá-lo de condenável.

Todo o cristianismo se concentra no homem na encruzilhada. As vastas e superficiais filosofias, as grandes sínteses de engano, todas falam sobre eras, evolução e desenvolvimentos finais. A verdadeira filosofia se preocupa com o instante. O homem tomará este caminho ou aquele? — essa é a única coisa sobre a qual pensar se você gosta de pensar. É fácil pensar nos éons, qualquer um pode pensar neles. O instante é realmente assustador, e é porque nossa religião sentiu com intensidade o instante que, na literatura, tratou muito de batalhas e, na teologia, tratou muito do inferno. Está cheia de PERIGO, como um livro de aventuras: está em uma crise imortal. Há muita semelhança real entre a ficção popular e a religião do povo ocidental. Se você diz que a ficção popular é vulgar e de mau gosto, apenas diz o mesmo que os tediosos e bem-informados dizem também sobre as imagens nas igrejas católicas. A vida (segundo a fé) é muito parecida com uma história em série de revista: a vida termina com a promessa (ou ameaça) de "continua na próxima edição". Além disso, com uma nobre vulgaridade, a vida imita um romance seriado e para no momento emocionante. Pois a morte é, distintamente, um momento emocionante.

O que torna uma história emocionante é a presença de um elemento fundamental: a vontade, ou o livre-arbítrio, conforme conhecida na teologia. Você não pode terminar uma equação como quiser. Mas pode terminar uma história como quiser. Quando alguém descobriu o cálculo diferencial, só havia um cálculo diferencial para ser descoberto. Mas, quando Shakespeare matou Romeu, ele poderia tê-lo casado com a velha ama de Julieta se tivesse desejado. E a cristandade se destacou no romance narrativo exatamente porque insistiu no livre-arbítrio teológico. É um assunto amplo e fora do escopo para ser discutido da maneira adequada aqui, mas esta é a verdadeira objeção a essa torrente de discursos modernos sobre tratar o crime como doença, transformar a prisão em um ambiente higiênico como um hospital, curar o pecado por métodos científicos graduais. O erro de tudo isso é que o mal é uma questão de escolha ativa, enquanto a doença, não. Se você diz que vai curar um libertino como cura um asmático, minha resposta óbvia e previsível seria: "Apresente pessoas que querem ser asmáticas da mesma forma que muitas querem ser libertinas." Um homem pode ficar deitado e ser curado de uma enfermidade. Mas ele não deve ficar deitado se quiser ser curado de um pecado; ao contrário, deve se levantar e pular vigorosamente. O ponto central, de fato, está expresso com perfeição na própria palavra que usamos para um homem no hospital; "paciente" está na forma passiva; "pecador" está na ativa. Se um homem deve ser salvo da gripe, ele pode ser um paciente. Mas, se deve ser salvo da falsidade, ele não pode ser um paciente, mas um IMPACIENTE. Ele deve ser pessoalmente impaciente com a mentira. Toda reforma moral deve começar na vontade ativa, não na passiva. Mais uma vez chegamos à mesma conclusão substancial. Enquanto desejamos as reconstruções definidas e as revoluções perigosas que têm distinguido a civilização europeia, não devemos desencorajar o pensamento de uma possível ruína; ao contrário, devemos incentivá-lo. Se quisermos, como os santos orientais, simplesmente contemplar o quão certas as coisas estão, é claro que apenas diremos que elas devem dar certo. Mas, se quisermos sobretudo FAZÊ-LAS dar certo, devemos insistir que podem dar errado.

Por fim, essa verdade também se aplica às tentativas modernas de diminuir ou explicar a divindade de Cristo. Isso pode ser verdade ou não; abordarei esse ponto antes de concluir. Mas, se a divindade é verdadeira, ela é, sem dúvida, terrivelmente revolucionária. Que um homem bom possa estar em uma situação desesperadora não é mais do que já sabíamos, mas que Deus possa estar em apuros é uma afirmação que serve de bandeira eterna para todos os insurgentes. O cristianismo é a única religião na terra a sentir que a onipotência tornava Deus incompleto. Somente o cristianismo percebeu que, para ser plenamente Deus, Ele deve ter sido tanto um rebelde quanto um rei. Sozinho entre todos os credos, o cristianismo acrescentou coragem às virtudes do Criador. Pois a única coragem digna do próprio nome implica necessariamente a alma que chega ao ponto de ruptura — e não se quebra. De fato, aqui me aproximo de um tema de discussão mais obscuro e assustador do que fácil e peço desculpas antecipadamente se alguma das minhas frases soar incorreta ou parecer irreverente ao tocar em algo que os maiores santos e pensadores temeram abordar com motivo. Mas, naquela terrível história da Paixão,

Ortodoxia

há uma sugestão emocional clara de que o autor de todas as coisas (de uma forma impensável) passou não apenas pela agonia, mas também pela dúvida. Está escrito: "Não tentarás o Senhor teu Deus."[13] Não, mas o Senhor teu Deus pode tentar a Si mesmo; e parece que foi isso o que aconteceu no Getsêmani. Num jardim, Satanás tentou o homem;[14] e em um jardim Deus tentou Deus.[15] Ele passou, de alguma maneira sobre-humana, por nosso horror humano de pessimismo. Quando o mundo tremeu[16] e o Sol foi apagado do Céu,[17] não foi na crucificação, mas no grito da cruz: o grito que confessou que Deus estava abandonado por Deus.[18] E agora que os revolucionários escolham um credo dentre todos os credos e um deus dentre todos os deuses do mundo pesando cuidadosamente todos os deuses da recorrência inevitável e do poder imutável. Eles não encontrarão outro deus que tenha estado em revolta. Pelo contrário (a questão se torna difícil demais para a fala humana), que os próprios ateus escolham um deus. Encontrarão apenas uma divindade que alguma vez expressou seu isolamento, apenas uma religião em que Deus pareceu, por um instante, ser um ateu.

Estes podem ser chamados os elementos essenciais da velha ortodoxia, cujo principal mérito é ser a fonte natural da revolução e da reforma, e cujo principal defeito é ser obviamente apenas uma afirmação abstrata. Sua principal vantagem é ser a mais aventureira e viril de todas as teologias.

---

13 Deuteronômio 6:16.
14 Alusão a Gênesis 3:1-24.
15 Alusão a Mateus 26:36-46; Marcos 14:32-42; Lucas 22:39-46; João 18:1-11.
16 Alusão a Mateus 27:51-54.
17 Alusão a Mateus 27:45; Marcos 15:33; Lucas 23:44-45.
18 Alusão a Mateus 27:46; Marcos 15:34.

O romance da ortodoxia

Sua principal desvantagem é apenas ser uma teologia. Pode-se sempre argumentar contra ela que é intrinsecamente arbitrária e inalcançável. Mas não está tão inalcançável, tanto que grandes arqueiros passam suas vidas disparando flechas contra ela — sim, e suas últimas flechas; há homens que se arruinarão e arruinarão a própria civilização se puderem também arruinar essa velha fábula fantástica. Este é o último e mais surpreendente fato sobre essa fé: seus inimigos usarão qualquer arma contra ela, espadas que cortam os próprios dedos e tochas que queimam as próprias casas. Os homens que começam a lutar contra a Igreja em nome da liberdade e da humanidade terminam por jogar fora a liberdade e a humanidade se puderem lutar contra a Igreja. Isso não é exagero; eu poderia encher um livro com exemplos. O sr. Blatchford começou, como um crítico bíblico comum, tentando provar que Adão era inocente de pecado contra Deus; ao tentar defender essa ideia, admitiu, como uma questão secundária, que todos os tiranos, de Nero ao rei Leopoldo, eram inocentes de qualquer pecado contra a humanidade. Conheço um homem que tem tanta paixão por provar que não terá existência pessoal após a morte que recai na posição de que não tem existência pessoal agora. Ele invoca o budismo e diz que todas as almas se desvanecem umas nas outras; para provar que não pode ir para o céu, prova que não pode ir para Hartlepool. Conheci pessoas que protestaram contra a educação religiosa com argumentos contra qualquer educação dizendo que a mente da criança deve crescer livremente ou que os mais velhos não devem ensinar os mais jovens. Conheci pessoas que demonstraram a impossibilidade do julgamento divino demonstrando a impossibilidade do julgamento humano até mesmo para fins práticos. Queimaram o próprio trigo para incendiar a Igreja; quebraram as próprias

Ortodoxia

ferramentas para destruí-la; qualquer pedaço de madeira servia para espancá-la, ainda que fosse o último pedaço de seu próprio mobiliário desmembrado. Não admiramos, mal desculpamos, o fanático que destrói este mundo por amor ao outro. Mas o que dizer do fanático que destrói este mundo por ódio ao outro? Ele sacrifica a própria existência da humanidade à inexistência de Deus. Ele oferece suas vítimas não para o altar, mas apenas para afirmar a inutilidade do altar e o vazio do trono. Está disposto a arruinar até mesmo aquela ética primária pela qual todas as coisas vivem por sua estranha e eterna vingança contra alguém que nunca existiu.

E ainda assim a coisa permanece nos céus intocada. Seus oponentes apenas conseguem destruir tudo o que eles mesmos justamente prezam. Não destroem a ortodoxia, apenas destroem o senso de coragem comum e político. Não provam que Adão não era responsável perante Deus; como poderiam provar? Apenas provam (a partir de suas premissas) que o czar não é responsável perante a Rússia. Não provam que Adão não deveria ter sido punido por Deus, apenas provam que o explorador mais próximo não deveria ser punido pelos homens. Com suas dúvidas orientais sobre a personalidade, não garantem que não teremos vida pessoal no além, apenas garantem que não teremos uma muito alegre ou completa aqui. Com suas sugestões paralisantes de que todas as conclusões saem erradas, não rasgam o livro do Anjo Registrador, apenas tornam um pouco mais difícil manter os registros da Marshall & Snelgrove. A fé não é apenas a mãe de todas as energias mundanas, mas seus inimigos são os pais de toda a confusão terrena. Os secularistas não destruíram as coisas divinas, mas os secularistas destruíram as coisas seculares, se isso lhes traz algum consolo. Os titãs não escalaram o céu, mas devastaram a terra.

CAPÍTULO 9

A AUTORIDADE E O AVENTUREIRO

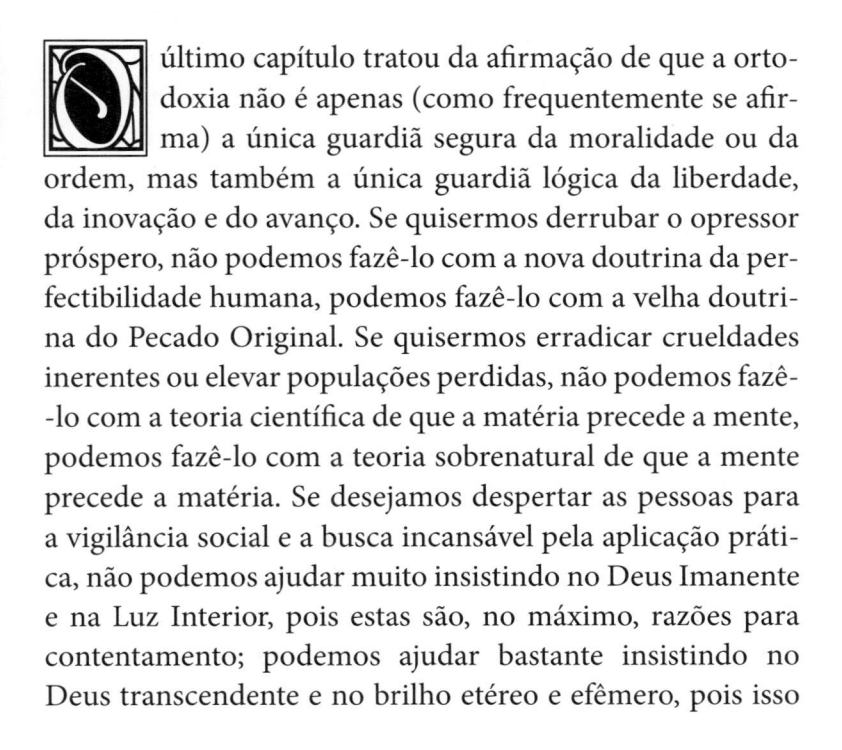

O último capítulo tratou da afirmação de que a ortodoxia não é apenas (como frequentemente se afirma) a única guardiã segura da moralidade ou da ordem, mas também a única guardiã lógica da liberdade, da inovação e do avanço. Se quisermos derrubar o opressor próspero, não podemos fazê-lo com a nova doutrina da perfectibilidade humana, podemos fazê-lo com a velha doutrina do Pecado Original. Se quisermos erradicar crueldades inerentes ou elevar populações perdidas, não podemos fazê-lo com a teoria científica de que a matéria precede a mente, podemos fazê-lo com a teoria sobrenatural de que a mente precede a matéria. Se desejamos despertar as pessoas para a vigilância social e a busca incansável pela aplicação prática, não podemos ajudar muito insistindo no Deus Imanente e na Luz Interior, pois estas são, no máximo, razões para contentamento; podemos ajudar bastante insistindo no Deus transcendente e no brilho etéreo e efêmero, pois isso significa um descontentamento divino. Se desejamos, em particular, afirmar a ideia de um equilíbrio generoso em oposição a uma autocracia terrível, instintivamente seremos trinitários, e não unitários. Se desejamos que a civilização europeia seja uma ofensiva e um salvamento, insistiremos que as almas estão em perigo real, e não que seu perigo é, em última análise, irreal. E, se desejamos exaltar o excluído e o crucificado, desejaremos antes acreditar que um verdadeiro Deus foi crucificado, em vez de um mero sábio ou herói. Acima de tudo, se desejamos proteger os pobres, seremos a favor de regras fixas e dogmas claros. As REGRAS de um clube favorecem ocasionalmente o membro pobre. A tendência de um clube é sempre favorecer o membro rico.

E agora chegamos à questão crucial que verdadeiramente conclui todo o assunto. Um agnóstico razoável, se por acaso concordou comigo até aqui, pode justamente se virar e dizer: "Você encontrou uma filosofia prática na doutrina da Queda; muito bem. Você encontrou um lado da democracia que agora está perigosamente negligenciado, sabiamente afirmado no Pecado Original; tudo certo. Você encontrou uma verdade na doutrina do inferno; parabéns. Você está convencido de que os adoradores de um Deus pessoal olham para fora de si e são progressistas; eu os parabenizo. Mas, mesmo supondo que essas doutrinas incluam essas verdades, por que não é possível reter as verdades e deixar de lado as doutrinas? Considerando que toda a sociedade moderna confia nos ricos de forma excessiva, por que não levar em conta a fraqueza humana? Considerando que as eras ortodoxas tiveram uma grande vantagem por (acreditando na Queda) levarem em conta a fraqueza humana, por que não se pode simplesmente levar em conta a fraqueza

A autoridade e o aventureiro

humana sem acreditar na Queda? Se você descobriu que a ideia de danação representa uma ideia saudável de perigo, por que não pode simplesmente ficar com a ideia de perigo e abandonar a ideia de danação? Se você vê com clareza o cerne do senso comum no fruto da ortodoxia cristã, por que não pode simplesmente ficar com o cerne e abandonar o fruto? Por que não pode (para usar aquela frase feita dos jornais que eu, como agnóstico altamente erudito, me envergonho um pouco de usar) simplesmente ficar com o que há de bom no cristianismo, o que pode definir como valioso, o que pode compreender, e abandonar todo o resto, todos os dogmas absolutos que são por natureza incompreensíveis?" Esta é a verdadeira questão; esta é a última questão; e é um prazer tentar respondê-la.

A primeira resposta é simplesmente dizer que sou um racionalista. Gosto de ter alguma justificativa intelectual para minhas intuições. Se estou tratando o homem como um ser decaído, é intelectualmente conveniente para mim acreditar que ele caiu; e descubro, por alguma estranha razão psicológica, que consigo lidar melhor com o exercício do livre-arbítrio de um homem se acredito que ele o possui. Mas, neste ponto, sou um racionalista ainda mais convicto. Não pretendo transformar este livro em uma obra de apologética cristã comum; ficaria feliz em enfrentar os inimigos do cristianismo em outra ocasião em um campo mais óbvio. Aqui, estou apenas dando um relato do meu próprio crescimento em certeza espiritual. Mas posso fazer uma pausa para observar que, quanto mais via os argumentos meramente abstratos contra a cosmologia cristã, menos valor eu dava a eles. Quero dizer que, tendo constatado a atmosfera moral da Encarnação como sendo de senso comum, olhei para os argumentos intelectuais estabelecidos contra a Encarnação e os julguei um absurdo evidente. Caso o argumento pareça carecer da apologética comum, resumirei aqui, com muita brevidade, meus próprios argumentos e conclusões sobre a verdade puramente objetiva ou científica da questão. Se me perguntarem, como uma questão puramente intelectual, por que acredito no cristianismo, só posso responder: "Pela mesma razão que um agnóstico inteligente não acredita no cristianismo." Acredito de forma bastante racional com base nas evidências. Mas as evidências, no meu caso, como no do agnóstico inteligente, não residem de fato nesta ou naquela demonstração específica, estão em uma enorme acumulação de fatos pequenos, mas unânimes. O secularista não deve ser culpado porque suas objeções ao cristianismo são variadas e até fragmentadas; é precisamente esse tipo de evidência fragmentada que convence a mente de verdade. Quero dizer que, quanto a uma filosofia, quatro livros têm menos força de persuasão do que um só livro, uma batalha, uma paisagem e um velho amigo. O próprio fato de que as coisas são de tipos diferentes aumenta a importância do fato de que todas apontam para uma única conclusão. Ora, a descrença no cristianismo do homem instruído médio de hoje é, quase sempre, fazendo justiça a ele, composta por essas experiências soltas, mas vívidas. Só posso dizer que minhas evidências a favor do cristianismo são tão vivas e variadas quanto as evidências dele. Pois, quando olho para essas várias "verdades" anticristãs, simplesmente descubro que nenhuma delas é verdadeira. Descubro que a verdadeira maré e força de todos os fatos flui na direção oposta. Vamos considerar alguns exemplos. Muitos homens sensatos e modernos devem ter abandonado o cristianismo

A autoridade e o aventureiro

sob a pressão de três convicções convergentes como estas: primeiro, que os homens, com sua forma, estrutura e sexualidade, são, em última instância, muito parecidos com os animais, uma mera variedade do reino animal; segundo, que a religião primitiva surgiu da ignorância e do medo; terceiro, que os sacerdotes arruinaram as sociedades com amargura e tristeza. Esses três argumentos anticristãos são muito diferentes, mas todos são bastante lógicos e legítimos, e todos convergem. A única objeção a eles (percebo) é que todos são falsos. Se você parar de olhar para livros sobre animais e homens, se começar a olhar para animais e homens, então (se tiver algum humor ou imaginação, algum senso do ridículo ou do absurdo) observará que o espantoso não é o quanto o homem é semelhante aos animais, mas o quanto ele é diferente. É a escala monstruosa de sua divergência que exige uma explicação. Que homem e animal sejam semelhantes é, de certo modo, um truísmo, mas que, sendo tão parecidos, sejam tão incompreensivelmente diferentes, isso é o choque e o enigma. Que um macaco tenha mãos é muito menos interessante para o filósofo do que, tendo mãos, não fazer quase nada com elas: não joga pedrinhas ou violino; não esculpe mármore nem fatia carne de carneiro. As pessoas falam de arquitetura bárbara e arte decadente. Mas elefantes não constroem templos colossais de marfim nem em estilo rococó; camelos não pintam nem quadros ruins, embora disponham de material para muitos pincéis de pelo de camelo. Certos sonhadores modernos dizem que formigas e abelhas têm uma sociedade superior à nossa. Elas têm, de fato, uma civilização, mas essa verdade apenas nos lembra de que é uma civilização inferior. Quem já encontrou um formigueiro decorado com estátuas de formigas célebres?

Quem já viu uma colmeia entalhada com as imagens de esplendorosas rainhas de outrora? De jeito nenhum; o abismo entre o homem e as outras criaturas pode ter uma explicação natural, mas é um abismo. Falamos de animais selvagens, mas o homem é o único animal selvagem. Foi o homem que se rebelou. Todos os outros animais são animais domesticados seguindo a dura respeitabilidade da espécie ou gênero. Todos os outros animais são animais domésticos, apenas o homem é sempre indomável, seja como libertino, seja como monge. Assim, essa primeira razão superficial para o materialismo é, se algo, uma razão para o oposto; é exatamente onde a biologia termina que toda religião começa.

Seria o mesmo se eu examinasse o segundo dos três argumentos racionalistas fortuitos: o argumento de que tudo o que chamamos de divino começou em alguma escuridão e terror. Quando tentei examinar as bases dessa ideia moderna, simplesmente descobri que não havia nenhuma. A ciência nada sabe sobre o homem pré-histórico pela excelente razão de que ele é pré-histórico. Alguns professores optam por conjecturar que coisas como o sacrifício humano foram, um dia, inocentes e comuns e que gradualmente desapareceram; mas não há evidência direta de tal fato, e a pequena quantidade de evidência indireta vai na direção completamente oposta. Nas lendas mais antigas que temos, como os contos de Isaque e de Ifigênia, o sacrifício humano não é apresentado como algo antigo, mas como algo novo, como uma exceção estranha e assustadora exigida sombriamente pelos deuses. A história nada diz, e todas as lendas dizem que a Terra era mais gentil em seu tempo mais antigo. Não há tradição de progresso, mas toda a raça humana tem uma tradição da Queda. Curiosamente, a própria disseminação

A autoridade e o aventureiro

dessa ideia é usada contra sua autenticidade. Homens eruditos dizem literalmente que essa calamidade pré-histórica não pode ser verdadeira porque toda raça humana se lembra dela. Não consigo acompanhar esses paradoxos. E, se tomássemos o terceiro exemplo fortuito, seria o mesmo: a visão de que os sacerdotes escurecem e amarguram o mundo. Eu olho para o mundo e simplesmente descubro que isso não acontece. Os países da Europa que ainda são influenciados por sacerdotes são exatamente os países onde ainda há canto, dança, vestidos coloridos e arte ao ar livre. A doutrina e a disciplina católicas podem ser muros, mas são os muros de um parque infantil. O cristianismo é a única estrutura que preservou o prazer do paganismo. Podemos imaginar algumas crianças brincando no topo gramado e plano de uma ilha alta no mar. Enquanto houvesse um muro ao redor da beira do penhasco, elas poderiam se lançar em todos os jogos frenéticos e transformar o lugar no jardim de infância mais barulhento possível. Mas os muros foram derrubados, desnudando o perigo do precipício. Elas não caíram, mas, quando seus amigos voltaram para buscá-las, estavam todas encolhidas de terror no centro da ilha, e seu canto havia cessado.

Assim, esses três fatos da experiência, tais como os que formam um agnóstico, são, nesta visão, completamente invertidos. Eu fico dizendo: "Dê-me uma explicação, primeiro, para a enorme excentricidade do homem em meio aos animais; segundo, para a vasta tradição humana de uma felicidade antiga; terceiro, para a perpetuação parcial de tal alegria pagã nos países da Igreja Católica." Uma explicação em todo caso cobre as três: a teoria de que duas vezes a ordem natural foi interrompida por alguma explosão ou revelação, como as que hoje chamamos de "psíquicas". Uma vez, o Céu desceu à terra com um poder ou sinal chamado a imagem de Deus, pelo qual o homem tomou o comando da Natureza; outra vez (quando, império após império, os homens se mostraram falhos), o Céu veio salvar a humanidade na forma terrível de um homem. Isso explicaria por que a maioria dos homens sempre olha para trás e por que o único canto pelo qual, de alguma forma, olham para frente é o pequeno continente onde Cristo tem Sua Igreja. Dirão, eu sei, que o Japão se tornou progressista. Mas como isso pode ser uma resposta quando, ao dizer "o Japão se tornou progressista", na verdade apenas queremos dizer "o Japão se tornou europeu"? Mas aqui não desejo tanto insistir na minha própria explicação quanto na minha observação original. Concordo com o homem comum descrente nas ruas ao ser guiado por três ou quatro fatos estranhos, todos apontando para algo; só que, quando fui olhar para os fatos, sempre constatei que eles apontavam para outra coisa.

Eu apresentei uma tríade imaginária de argumentos comuns contra o cristianismo; se isso for uma base estreita demais, apresentarei, de improviso, outra. São esses tipos de pensamentos que, em combinação, criam a impressão de que o cristianismo é algo fraco e doentio. Primeiro, por exemplo, que Jesus era uma criatura gentil, tímida e desligada do mundo, uma mera apelação ineficaz ao mundo; segundo, que o cristianismo surgiu e floresceu nas eras sombrias da ignorância e que a Igreja nos arrastaria de volta a elas; terceiro, que as pessoas ainda fortemente religiosas ou (se preferirem) supersticiosas — como os irlandeses — são fracas, pouco práticas e ultrapassadas. Menciono essas ideias apenas para afirmar o mesmo: que, quando as examinei de

A autoridade e o aventureiro

forma independente, descobri não que as conclusões não eram filosóficas, mas simplesmente que os fatos não eram fatos. Em vez de olhar para livros e imagens sobre o Novo Testamento, olhei para o Novo Testamento. Lá encontrei um relato que não era de maneira alguma sobre uma pessoa com o cabelo repartido ao meio ou as mãos postas em súplica, mas sobre um ser extraordinário com lábios de trovão e assertividade intensa derrubando mesas, expulsando demônios, passando da ferocidade silenciosa proveniente do vento do isolamento montanhoso para uma espécie de terrível demagogia; um ser que frequentemente agia como um deus irado — e sempre como um deus. Cristo tinha até um estilo literário próprio, que, creio eu, não se encontra em nenhum outro lugar; consiste em um uso quase furioso do A FORTIORI. Seu "quanto mais" empilha-se um sobre o outro como castelo sobre castelo nas nuvens. A linguagem usada SOBRE Cristo tem sido, talvez com sabedoria, doce e submissa. Mas a linguagem usada por Cristo é curiosamente gigantesca, está cheia de camelos saltando por agulhas e montanhas lançadas ao mar.[1] Do ponto de vista moral, é igualmente aterradora; ele chamou a si mesmo de espada da matança e disse aos homens para comprarem espadas, mesmo que tivessem de vender seus mantos para isso.[2] O fato de ter usado outras palavras ainda mais radicais no lado da não resistência aumenta o mistério, mas também, se de todo verdade, aumenta a violência. Não podemos sequer

---

1 Alusão a Mateus 19:23-25, e Marcos 11:22-24.
2 Alusão a Mateus 10:34, e Lucas 22:36. Diversos teólogos argumentam que Jesus desencorajava a violência, como demonstrado em várias ocasiões nos Evangelhos, e que a "espada" mencionada seria, na verdade, uma metáfora para resiliência e prontidão diante das dificuldades.

explicar isso chamando-o de insano, pois a insanidade geralmente segue um único canal consistente. O maníaco é, via de regra, um monomaníaco. Aqui devemos lembrar a definição difícil do cristianismo já dada: o cristianismo é um paradoxo sobre-humano pelo qual duas paixões opostas podem arder lado a lado. A única explicação da linguagem do Evangelho que realmente a explica é que se trata da visão de alguém que, de uma altura sobrenatural, contempla uma síntese ainda mais surpreendente.

Tomo, na sequência, o próximo exemplo apresentado: a ideia de que o cristianismo pertence à Idade das Trevas. Aqui, não me contentei em ler generalizações modernas, li um pouco de história. E, na história, descobri que o cristianismo, longe de pertencer à Idade das Trevas, foi o único caminho através delas que não era sombrio. Foi uma ponte luminosa conectando duas civilizações luminosas. Se alguém diz que a fé surgiu na ignorância e na barbárie, a resposta é simples: não foi assim. Ela surgiu na civilização mediterrânea, no pleno verão do Império Romano. O mundo estava cheio de céticos, e o panteísmo era tão evidente quanto o Sol quando Constantino pregou a cruz no mastro. É absolutamente verdadeiro que, depois disso, o navio afundou, mas é muito mais extraordinário que o navio voltou a emergir repintado e brilhando com a cruz ainda no topo. Isso é o que a religião fez de incrível: transformou um navio afundado em um submarino. A arca sobreviveu sob o peso das águas; após ser enterrada sob os escombros de dinastias e clãs, nós ressurgimos e nos lembramos de Roma. Se nossa fé tivesse sido uma mera moda passageira do império decadente, moda teria seguido moda no crepúsculo, e, se a civilização algum dia ressurgisse (e muitas

A autoridade e o aventureiro

civilizações jamais ressurgiram), teria sido sob alguma nova bandeira bárbara. Mas a Igreja Cristã foi a última vida da sociedade antiga e também a primeira vida da nova. Ela pegou as pessoas que estavam esquecendo como construir um arco e as ensinou a inventar o arco gótico. Em suma, a coisa mais absurda que se pode dizer sobre a Igreja é aquilo que todos já ouvimos. Como podemos dizer que a Igreja deseja nos levar de volta à Idade das Trevas? A Igreja foi a única coisa que nos tirou delas.

Eu adicionei, nesta segunda tríade de objeções, um exemplo banal tirado daqueles que consideram que pessoas como os irlandeses são enfraquecidas ou estagnadas pela superstição. Acrescentei-o apenas porque esse é um caso peculiar de uma afirmação que, ao ser examinada, se revela falsa. Constantemente se diz que os irlandeses não são práticos. Mas se, por um momento, nos abstivermos de olhar o que se diz sobre eles e olharmos o que FAZEM, veremos que os irlandeses não são apenas práticos, mas extraordinariamente bem-sucedidos. A pobreza de seu país e a condição minoritária de sua população são apenas as circunstâncias em que foram colocados para trabalhar, mas nenhum outro grupo no Império Britânico fez tanto com tão pouco. Os nacionalistas foram a única minoria que conseguiu desviar bruscamente todo o Parlamento Britânico do seu caminho. Os camponeses irlandeses são os únicos homens pobres nessas ilhas que forçaram seus senhores a ceder. Essas pessoas, a quem chamamos de oprimidas pelos sacerdotes, são os únicos britânicos que não se deixam oprimir pelos senhores de terras. E, quando comecei a examinar o verdadeiro caráter irlandês, o resultado foi o mesmo. Os irlandeses são os melhores nas profissões especialmente DURAS — nas atividades ligadas ao ferro, na advocacia e como soldados. Em todos esses casos, portanto, voltei à mesma conclusão: o cético estava certo em se guiar pelos fatos, apenas não olhou para os fatos. O cético é muito crédulo; ele acredita em jornais ou até mesmo em enciclopédias. Mais uma vez, essas três questões me deixaram com três perguntas muito opostas. O cético médio queria saber como eu explicava o tom sentimental do Evangelho, a conexão do credo com as trevas medievais e a suposta impraticabilidade política dos cristãos celtas. Mas eu queria perguntar, e perguntar com uma seriedade que se aproximava da urgência: "Que energia incomparável é essa que aparece primeiro em alguém que caminha pela terra como um julgamento vivo, e essa energia que pode morrer com uma civilização decadente e, ainda assim, forçá-la a uma ressurreição dos mortos; essa energia que, por fim, pode inflamar uma população camponesa falida com uma fé tão firme na justiça que faz com que eles consigam o que pedem, enquanto outros ficam de mãos vazias, de modo que a ilha mais desamparada do Império pode, de fato, ajudar a si mesma?"

Há uma resposta: é uma resposta dizer que a energia realmente vem de fora do mundo, que é psíquica, ou pelo menos um dos resultados de uma verdadeira perturbação psíquica. Devemos a mais alta gratidão e deferência às grandes civilizações humanas, como a do antigo Egito ou a da China atual. No entanto, não é injusto dizer que apenas a Europa moderna exibiu um incessante poder de autorrenovação constante, muitas vezes em intervalos muito curtos e descendo aos menores detalhes, como construção ou vestuário. Por fim, todas as outras sociedades morrem,

A autoridade e o aventureiro

e com dignidade. Nós morremos diariamente. Estamos sempre renascendo com uma obstetrícia quase indecente. Não é exagero dizer que existe, na cristandade histórica, uma espécie de vida antinatural: ela poderia ser explicada como uma vida sobrenatural. Poderia ser explicada como uma vida galvânica terrível trabalhando em algo que teria sido um cadáver. Pois nossa civilização DEVERIA ter morrido por todas as analogias, por todas as probabilidades sociológicas, no Ragnarök do fim de Roma. Essa é a estranha inspiração da nossa condição: você e eu não deveríamos estar aqui. Somos todos REVENANTS, todos os cristãos vivos são pagãos mortos que caminham por aí. Assim que a Europa estava prestes a ser reunida em silêncio à Assíria e à Babilônia, algo entrou em seu corpo. E a Europa tem vivido uma vida estranha — não é exagero dizer que tem tido SOBRESSALTOS — desde então.

Deliberei longamente sobre essas tríades típicas de dúvida para transmitir o ponto principal — que meu próprio argumento a favor do cristianismo é racional, mas não é simples. É uma acumulação de fatos variados, como a atitude do agnóstico comum. Mas todos os seus fatos do agnóstico comum são equivocados. Ele é um descrente por um acúmulo de razões, mas são razões falsas. Ele duvida porque a Idade Média foi bárbara, mas não foi; porque o darwinismo apresenta provas, mas não apresenta; porque milagres não acontecem, mas acontecem; porque monges eram preguiçosos, mas eram muito trabalhadores; porque freiras são infelizes, mas são particularmente alegres; porque a arte cristã era triste e pálida, mas era destacada em cores especialmente vivas e alegres com ouro; porque a ciência moderna está se afastando do sobrenatural, mas não está,

Ortodoxia

está se movendo em direção ao sobrenatural com a rapidez de um trem.

Mas, entre esses milhões de fatos fluindo todos para a mesma direção, há, é claro, uma questão suficientemente sólida e particular para ser tratada de forma breve, mas isolada: refiro-me à ocorrência objetiva do sobrenatural. Em outro capítulo, indiquei a falácia da suposição comum de que o mundo deve ser impessoal porque é ordenado. Uma pessoa tem tanta probabilidade de desejar algo ordenado quanto algo desordenado. Mas minha própria convicção positiva de que a criação pessoal é mais concebível do que o destino material é, admito, em certo sentido indiscutível. Não a chamarei de fé ou intuição, pois essas palavras estão associadas a mera emoção; é estritamente uma convicção intelectual. No entanto, é uma convicção intelectual PRIMÁRIA, como a certeza do eu ou do valor da vida. Portanto, qualquer um que desejar pode chamar minha crença em Deus de meramente mística; não vale a pena contestar essa expressão. Mas minha crença de que milagres aconteceram na história humana não é uma crença mística; acredito neles com base em evidências humanas, assim como acredito na descoberta da América. Sobre esse ponto, há um simples fato lógico que só precisa ser declarado e esclarecido. De alguma forma, surgiu uma ideia extraordinária de que os descrentes em milagres os consideram fria e imparcialmente, enquanto os crentes em milagres os aceitam apenas com algum dogma. O fato é justamente o oposto. Os crentes em milagres os aceitam (certos ou errados) porque têm evidências deles. Os descrentes em milagres os negam (certos ou errados) porque têm uma doutrina contra eles. A coisa aberta, óbvia e democrática é acreditar em uma velha vendedora de maçãs quando

A autoridade e o aventureiro

ela dá testemunho de um milagre, assim como se acredita nela quando dá testemunho de um assassinato. A conduta simples e popular é confiar na palavra do camponês sobre o fantasma com tanta precisão quanto se confia na palavra do camponês sobre o senhor de terras. Sendo camponês, ele provavelmente terá uma boa dose de agnosticismo saudável em relação a ambos. Ainda assim, seria possível encher o Museu Britânico com evidências dadas pelo camponês a favor do fantasma. Se se trata de testemunho humano, há uma torrente sufocante de testemunhos humanos a favor do sobrenatural. Se você o rejeita, só pode significar uma de duas coisas. Você rejeita a história do camponês sobre o fantasma ou porque o homem é um camponês, ou porque a história é uma história de fantasmas. Ou seja, você nega o princípio fundamental da democracia ou afirma o princípio fundamental do materialismo — a impossibilidade abstrata do milagre. Você tem todo o direito de fazê-lo; mas, nesse caso, você é o dogmático. Somos nós, cristãos, que aceitamos toda evidência real — são vocês, racionalistas, que recusam evidências reais, sendo obrigados a fazê-lo por seu credo. Mas eu não sou constrangido por nenhum credo neste assunto e, olhando imparcialmente para certos milagres da época medieval e dos tempos modernos, cheguei à conclusão de que eles ocorreram. Todo argumento contra esses fatos claros é sempre um argumento em círculo. Se eu digo "Documentos medievais atestam certos milagres tanto quanto atestam certas batalhas", eles respondem "Mas os medievais eram supersticiosos"; se quero saber em que eles eram supersticiosos, a única resposta final é que acreditavam em milagres. Se eu digo "Um camponês viu um fantasma", dizem-me: "Mas os camponeses são tão crédulos." Se eu pergunto "Por que são crédulos?", a única resposta é — porque veem fantasmas. A Islândia é impossível porque apenas marinheiros estúpidos a viram, e os marinheiros só são estúpidos porque dizem que viram a Islândia. É justo acrescentar que há outro argumento que o descrente pode racionalmente usar contra milagres, embora ele próprio muitas vezes se esqueça de usá-lo. Ele pode dizer que, em muitas histórias milagrosas, houve a noção de preparação e aceitação espiritual: em suma, que o milagre só poderia ocorrer para aquele que acreditava nele. Pode ser assim e, se assim for, como podemos testá-lo? Se estamos investigando se certos resultados seguem a fé, é inútil repetir exaustivamente que (se acontecem) eles, de fato, seguem a fé. Se a fé é uma das condições, aqueles sem fé têm todo o direito de rir. Mas não têm o direito de julgar. Ser crente pode ser, se assim desejarem, tão ruim quanto estar bêbado; ainda assim, se estivéssemos extraindo fatos psicológicos de bêbados, seria absurdo ficar sempre zombando deles por estarem bêbados. Suponha que estivéssemos investigando se homens irados realmente veem uma névoa vermelha diante de seus olhos. Suponha que sessenta excelentes cidadãos jurem que, quando irados, viram essa nuvem carmesim. Sem dúvida, seria absurdo responder: "Ah, mas você admite que estava irado na hora." Eles poderiam razoavelmente retrucar (em um coro estentóreo): "Como, afinal, poderíamos descobrir sem estar zangados se pessoas zangadas veem vermelho?" Assim, os santos e ascetas poderiam responder racionalmente: "Suponha que a questão seja se crentes podem ter visões — ainda assim, se você está interessado em visões, não faz sentido objetar aos crentes." Você ainda está argumentando em círculo — naquele velho círculo louco com o qual este livro começou.

A autoridade e o aventureiro

A questão de saber se milagres ocorrem é uma questão de bom senso e de imaginação histórica comum, não de qualquer experimento físico final. Aqui, sem dúvida, podemos descartar aquela argumentação completamente desprovida de lógica e pedante que insiste na necessidade de "condições científicas" para investigar fenômenos espirituais alegados. Se estamos perguntando se uma alma morta pode se comunicar com uma alma viva, é ridículo insistir que isso deve acontecer em condições nas quais nenhuma das duas almas vivas e em sã consciência se comunicariam seriamente entre si. Que fantasmas prefiram a escuridão não prova que eles não existem, assim como os amantes preferirem a escuridão não prova que o amor não existe. Se você escolher dizer "Eu acreditarei que a srta. Brown chamou seu noivo de pervinca,³ ou qualquer outro termo carinhoso, se ela repetir a palavra na frente de dezessete psicólogos", então eu responderei: "Muito bem, se essas são suas condições, você nunca terá a verdade porque ela certamente não o dirá." É tão pouco científico quanto pouco filosófico se surpreender que, em uma atmosfera insensível, certas sensibilidades extraordinárias não surjam. É como se eu dissesse que não consigo saber se há neblina porque o ar não está claro o suficiente, ou como se eu insistisse em luz solar perfeita para ver um eclipse solar.

Como uma conclusão de senso comum, tal como aquelas a que chegamos sobre o sexo ou a meia-noite (sabendo bem que muitos detalhes devem, por sua própria natureza, ser ocultados), concluo que milagres realmente acontecem.

---

3 Pervinca (*periwinkle*) é uma flor de cor azulada ou lilás, originária da Europa, Ásia e África, frequentemente usada em contextos poéticos ou românticos para expressar afeição e lealdade.

Sou levado a isso por uma conspiração de fatos: que os homens que encontram elfos ou anjos não são os místicos e os sonhadores mórbidos, mas pescadores, fazendeiros e todos os homens que, ao mesmo tempo, são grosseiros e cautelosos; que todos conhecemos homens que testemunham incidentes espiritualistas, mas não são espiritualistas; que a ciência em si admite tais coisas cada vez mais a cada dia. A ciência admitirá até mesmo a Ascensão se a chamarem de Levitação, e muito provavelmente admitirá a Ressurreição quando tiver pensado em outro nome para ela. Sugiro regalvanização.[4] Entretanto, o mais forte de tudo é o dilema já mencionado de que essas coisas sobrenaturais nunca são negadas, exceto com base ou em uma atitude antidemocrática ou em um dogmatismo materialista — posso dizer misticismo materialista. O cético sempre toma uma das duas posições: ou não se deve acreditar em um homem comum, ou não se deve acreditar em um evento extraordinário. Pois espero que possamos descartar o argumento contra maravilhas tentado na mera recapitulação de fraudes, médiuns trapaceiros ou milagres falsificados. Isso não é um argumento de modo algum, bom ou ruim. Um fantasma falso prova a irrealidade dos fantasmas com tanto rigor quanto uma nota falsificada prova a inexistência do Banco da Inglaterra — se prova alguma coisa, prova sua existência.

Dada a convicção de que os fenômenos espirituais ocorrem (e as minhas evidências para isso são complexas, mas

---

4 No contexto, o termo "regalvanização" é empregado de forma irônica sugerindo uma tentativa da ciência moderna de reinterpretar a Ressurreição de Cristo de maneira materialista e reduzindo o fenômeno espiritual a uma explicação técnica e física em uma crítica ao reducionismo do materialismo científico.

A autoridade e o aventureiro

racionais), nos deparamos com um dos piores males mentais da época. O maior desastre do século XIX foi o seguinte: os homens começaram a usar a palavra "espiritual" como sinônimo de "bom". Eles passaram a acreditar que crescer em refinamento e imaterialidade era o mesmo que crescer em virtude. Quando a evolução científica foi anunciada, alguns temeram que isso incentivasse a mera animalidade. Fez pior: incentivou a mera espiritualidade. Ensinou os homens a pensar que, desde que estivessem se afastando do macaco, estariam caminhando em direção ao anjo. Mas é possível afastar-se do macaco e ir em direção ao diabo. Um gênio muito representativo daquela época de espanto expressou isso perfeitamente. Benjamin Disraeli[5] estava certo quando disse estar do lado dos anjos. De fato estava, estava do lado dos anjos caídos. Ele não estava do lado de nenhum mero apetite ou brutalidade animal, mas do lado de todo o imperialismo dos príncipes do abismo; estava do lado da arrogância, do mistério e do desprezo por todo bem óbvio. Entre esse orgulho afundado e as humildades elevadas do Céu, deve-se supor, existem espíritos de várias formas e tamanhos. O homem, ao encontrá-los, deve cometer os mesmos erros que comete ao encontrar outros tipos variados em qualquer outro continente distante. Deve ser difícil, a princípio, saber quem é supremo e quem é subordinado. Se uma sombra surgisse do submundo e olhasse para Piccadilly, essa sombra provavelmente não entenderia a ideia de uma carruagem fechada comum. Pensaria que o cocheiro no banco era um conquistador em triunfo

---

5 Benjamin Disraeli foi um político, escritor e estadista britânico, duas vezes primeiro-ministro do Reino Unido e uma figura central do Partido Conservador.

arrastando atrás de si um cativo preso e resistente. Assim, ao vermos fatos espirituais pela primeira vez, podemos errar sobre quem está acima. Não basta encontrar os deuses, eles são óbvios; devemos encontrar Deus, o verdadeiro chefe dos deuses. Precisamos ter uma longa experiência histórica com fenômenos sobrenaturais para descobrir quais são realmente naturais. À luz disso, considero a história do cristianismo, e até mesmo de suas origens hebraicas, bastante prática e clara. Não me incomoda ouvir que o deus hebreu era um dentre muitos. Eu já sei disso sem precisar de pesquisa que me diga. Javé e Baal pareciam ter igual importância, assim como o Sol e a Lua pareciam ter o mesmo tamanho. É apenas aos poucos que aprendemos que o Sol é imensuravelmente nosso mestre, e a pequena Lua, apenas nosso satélite. Acreditando que há um mundo de espíritos, caminharei por ele como faço no mundo dos homens: procurando aquilo de que gosto e que acho bom. Assim como procuraria água limpa em um deserto, ou trabalharia arduamente no Polo Norte para acender um fogo confortável, procurarei a terra do vazio e da visão até encontrar algo fresco como a água e reconfortante como o fogo; até encontrar algum lugar na eternidade onde eu me sinta literalmente em casa. E só há um lugar assim a ser encontrado.

Eu já disse o suficiente para mostrar (a qualquer pessoa para quem tal explicação seja essencial) que tenho, na arena comum da apologética, uma base de crença. Nos registros puros de experimentos (se estes forem considerados de forma democrática, sem desprezo ou favorecimento), há evidências, primeiro, de que milagres acontecem e, segundo, de que os milagres mais nobres pertencem à nossa tradição. Mas não vou fingir que essa discussão concisa é

A autoridade e o aventureiro

minha verdadeira razão para aceitar o cristianismo em vez de adotar o bem moral do cristianismo, como faria com o confucionismo. Tenho uma razão muito mais sólida e central para submeter-me ao cristianismo como fé, em vez de apenas colher dicas dele como um esquema. E é esta: a Igreja Cristã, em sua relação prática com minha alma, é uma professora viva, não morta. Não só certamente me ensinou ontem, como quase certamente me ensinará amanhã. Um dia compreendi de repente o significado da forma da cruz; algum dia talvez entenda de repente o significado da forma da mitra. Certa manhã, vi o porquê de as janelas serem pontiagudas; em uma manhã qualquer, talvez veja o porquê de os sacerdotes barbearem-se. Platão lhe ensinou uma verdade, mas Platão está morto. Shakespeare lhe surpreendeu com uma imagem, mas Shakespeare não lhe surpreenderá com nenhuma outra. Mas imagine o que seria viver com esses homens ainda vivos, saber que Platão poderia dar uma palestra inédita amanhã ou que, a qualquer momento, Shakespeare poderia abalar tudo com uma única canção. O homem que vive em contato com o que acredita ser uma Igreja viva é um homem que sempre espera encontrar Platão e Shakespeare no café da manhã do dia seguinte. Ele está sempre esperando ver uma verdade que nunca viu antes. Há apenas outro paralelo a essa posição: e é o paralelo da vida em que todos começamos. Quando seu pai lhe disse, enquanto passeava pelo jardim, que as abelhas picavam ou que as rosas tinham um cheiro doce, você não falava em tirar o melhor da filosofia dele. Quando as abelhas o picavam, você não chamava isso de coincidência interessante. Quando a rosa era fragrante, você não dizia: "Meu pai é um símbolo rude e bárbaro que encerra (talvez inconscientemente) a profunda e delicada verdade de que as flores exalam bom cheiro." Não: você acreditava em seu pai porque o encontrou como uma fonte viva de fatos, algo que realmente sabia mais do que você, algo que lhe diria a verdade amanhã, assim como hoje. E, se isso era verdade sobre seu pai, era ainda mais verdadeiro sobre sua mãe; pelo menos era verdade sobre a minha, a quem este livro é dedicado. Agora, quando a sociedade faz um alvoroço inútil sobre a subjugação das mulheres, ninguém dirá o quanto todo homem deve à tirania e ao privilégio das mulheres, ao fato de que elas sozinhas governam a educação até que a educação se torne inútil, pois um menino só é enviado à escola para ser ensinado quando já é tarde demais para lhe ensinar qualquer coisa. O verdadeiro trabalho já foi feito, e graças a Deus quase sempre é feito por mulheres. Todo homem é feminilizado simplesmente por nascer. Falam da mulher masculinizada, mas todo homem é um homem feminilizado. E, se algum dia os homens marcharem até Westminster para protestar contra esse privilégio feminino, não me juntarei à sua procissão.

Pois me lembro com certeza deste fato psicológico fixo: justamente na época em que mais estava sob a autoridade de uma mulher, eu era mais cheio de ardor e aventura. Exatamente porque, quando minha mãe dizia que as formigas picavam, elas de fato picavam, e porque a neve de fato caía no inverno (como ela dizia); por isso, todo o mundo era, para mim, uma terra encantada de maravilhosos cumprimentos, e era como viver em alguma era hebraica, quando profecia após profecia se cumpria. Eu saía, quando criança, para o jardim, e era um lugar terrível para mim precisamente porque eu tinha uma noção do que ele era: se não tivesse nenhuma noção, não teria sido terrível, mas domesticado. Um mero deserto sem sentido não é sequer impressionante. Mas o jardim da infância era fascinante exatamente porque tudo tinha um significado fixo que poderia ser descoberto um de cada vez. Centímetro a centímetro, eu poderia descobrir qual era o propósito da forma feia chamada ancinho, ou formar alguma conjectura vaga sobre por que meus pais tinham um gato. Portanto, já que aceitei a cristandade como mãe e não apenas como um exemplo fortuito, encontrei a Europa e o mundo mais uma vez como o pequeno jardim onde eu olhava fixamente para as formas simbólicas do gato e do ancinho; olho para tudo com a antiga ignorância e expectativa de um duende. Este ou aquele rito, ou doutrina, podem parecer tão feios e extraordinários quanto um ancinho, mas descobri, por experiência, que tais coisas acabam, de alguma forma, em grama e flores. Um clérigo pode ser aparentemente tão inútil quanto um gato, mas ele também é fascinante, pois deve haver alguma razão estranha para sua existência. Dou um exemplo entre cem: eu mesmo não tenho nenhum parentesco instintivo com aquele entusiasmo pela virgindade física, que certamente tem sido uma característica do cristianismo histórico. No entanto, quando não olho para mim mesmo, mas para o mundo, percebo que esse entusiasmo não é apenas uma característica do cristianismo, mas também do paganismo, uma característica da alta natureza humana em muitos âmbitos. Os gregos reverenciaram a virgindade ao esculpirem Ártemis, os romanos ao vestirem as vestais, e os piores e mais selvagens dos grandes dramaturgos elisabetanos se agarraram à pureza literal de uma mulher como o pilar central do mundo. Acima de tudo, o mundo moderno (mesmo zombando da inocência sexual) lançou-se em uma generosa idolatria da inocência sexual — o grande culto moderno das crianças. Pois qualquer homem que ama crianças concordará que sua peculiar beleza é prejudicada por uma sugestão de sexo físico. Com toda essa experiência humana, aliada à autoridade cristã, simplesmente concluo que estou errado, e a Igreja está certa; ou melhor, que sou imperfeito, enquanto a Igreja é universal. São necessárias todas as sortes para fazer uma Igreja; ela não me pede para ser celibatário. Mas o fato de não ter apreço pelos celibatários eu aceito como aceito o fato de não ter ouvido para a música. A melhor experiência humana está contra mim, como está no caso de Bach. O celibato é uma flor no jardim de meu pai, da qual não me foi dito o doce ou terrível nome. Mas posso ser informado a qualquer dia.

Portanto, essa é, em conclusão, a minha razão para aceitar a religião e não apenas as verdades dispersas e seculares que dela provêm. Eu a aceito porque essa coisa não apenas disse essa ou aquela verdade, mas revelou-se como algo que diz a verdade. Todas as outras filosofias dizem as coisas que parecem claramente ser verdadeiras; apenas essa filosofia disse, vez após outra, algo que não parece ser verdade, mas é. Sozinha, entre todos os credos, ela é convincente justamente onde não é atraente; acaba por estar certa, como meu pai no jardim. Teosofistas, por exemplo, pregam uma ideia obviamente atraente como a reencarnação; mas, se esperamos por seus resultados lógicos, encontramos a soberba espiritual e a crueldade de castas. Pois, se um homem é mendigo por seus próprios pecados pré-natais, as pessoas tendem a desprezar o mendigo. No entanto, o cristianismo prega uma ideia obviamente desagradável, como o pecado

A autoridade e o aventureiro

original, mas, quando esperamos por seus resultados, eles são compaixão e fraternidade, e um trovão de riso e piedade, pois somente com o pecado original podemos, ao mesmo tempo, ter pena do mendigo e desconfiar do rei. Homens de ciência nos oferecem saúde, um benefício evidente; apenas depois descobrimos que, por saúde, eles querem dizer escravidão corporal e tédio espiritual. A ortodoxia nos faz saltar pela beira súbita do inferno; apenas depois percebemos que o salto foi um exercício atlético altamente benéfico para nossa saúde. Apenas depois percebemos que esse perigo é a raiz de todo drama e romance. O argumento mais forte a favor da graça divina é simplesmente sua falta de graça. As partes impopulares do cristianismo revelam-se, ao serem examinadas, como os verdadeiros sustentáculos do povo. O anel externo do cristianismo é uma rígida guarda de renúncias éticas e sacerdotes profissionais; mas, dentro dessa guarda desumana, você encontrará a velha vida humana dançando como uma criança e bebendo vinho como um homem, pois o cristianismo é a única estrutura para a liberdade pagã. Mas, na filosofia moderna, o caso é oposto: seu anel externo que é obviamente artístico e emancipado; seu desespero está no interior.

E o desespero disso é que realmente não acredita que haja qualquer significado no universo; portanto, não pode esperar encontrar qualquer romance; seus romances não terão enredos. Um homem não pode esperar aventuras em uma terra de anarquia. Mas um homem pode esperar inúmeras aventuras se viajar na terra da autoridade. Não se pode encontrar significados em uma selva de ceticismo, mas o homem encontrará cada vez mais significados ao caminhar por uma floresta de doutrina e determinação. Aqui tudo tem uma história ligada a si, como as ferramentas ou imagens na casa de meu pai, pois é a casa de meu pai. Termino onde comecei — no lugar certo. Entrei finalmente no portão de toda boa filosofia. Entrei em minha segunda infância.

Mas este universo cristão, maior e mais aventureiro, tem uma marca final difícil de expressar; no entanto, como conclusão de toda a questão, tentarei expressá-la. Todo o verdadeiro argumento sobre religião gira em torno da questão de saber se um homem que nasceu de cabeça para baixo pode dizer quando está na posição correta. O paradoxo primário do cristianismo é que a condição comum do homem não é sua condição sã ou sensata, que o normal em si é uma anomalia. Essa é a filosofia mais íntima da Queda. No novo e interessante catecismo de Sir Oliver Lodge,[6] as duas primeiras perguntas eram: "O que você é?" e "Qual, então, é o significado da Queda do Homem?". Lembro-me de me divertir escrevendo minhas próprias respostas a essas perguntas, mas logo percebi que eram respostas muito fragmentadas e agnósticas. À pergunta "O que você é?" só pude responder "Deus sabe". E à pergunta "O que se quer dizer com a Queda?" pude responder com total sinceridade: "Que seja o que for, eu não sou eu mesmo." Esse é o paradoxo principal de nossa religião: algo que nunca conhecemos em um sentido pleno não é apenas melhor do que nós mesmos, mas até mais natural para nós do que nós mesmos. E de fato não há um teste para isso, exceto o mero teste experimental com o qual estas páginas começaram: o teste da cela acolchoada e da porta aberta. Foi só desde que conheci a ortodoxia

---

[6] Oliver Lodge foi um físico e escritor britânico, pioneiro no estudo das ondas de rádio e da telegrafia sem fio. Além de suas contribuições científicas, ele foi conhecido por seu interesse em espiritualismo e na tentativa de conciliar ciência com questões espirituais no início do século xx.

A autoridade e o aventureiro

que conheci a emancipação mental. Mas, em conclusão, isso tem uma aplicação especial à ideia última de alegria. Diz-se que o paganismo é uma religião de alegria, e o cristianismo de tristeza; seria igualmente fácil provar que o paganismo é pura tristeza e o cristianismo, pura alegria. Esses conflitos nada significam e não levam a lugar algum. Tudo que é humano deve ter em si tanto alegria quanto tristeza; o único ponto de interesse é a maneira como essas duas coisas são equilibradas ou divididas. E o que realmente interessa é o seguinte: o pagão era (em geral) mais feliz à medida que se aproximava da terra, mas mais triste à medida que se aproximava dos céus. A alegria do melhor do paganismo, como na leveza de Catulo ou Teócrito, é, de fato, uma alegria eterna a ser sempre lembrada por uma humanidade grata. Mas toda essa alegria está nos fatos da vida, não em sua origem. Para o pagão, as pequenas coisas são doces como os pequenos riachos que brotam da montanha, mas as coisas vastas são amargas como o mar. Quando o pagão olha para o núcleo do cosmos, ele sente um frio paralisante. Por trás dos deuses, que são apenas despóticos, estão os destinos, que são mortais. Não, os destinos são piores do que mortais; estão mortos. E, quando os racionalistas dizem que o mundo antigo era mais esclarecido do que o cristão, do ponto de vista deles, estão certos. Pois, quando dizem "esclarecido", querem dizer "obscurecido" com um desespero incurável. É a mais profunda verdade que o mundo antigo era mais moderno do que o cristão. O elo comum está no fato de que antigos e modernos foram ambos miseráveis em relação à existência, em relação a tudo, enquanto os medievais eram felizes pelo menos com isso. Admite livremente que os pagãos, assim como os modernos, eram apenas miseráveis em relação a tudo — eram bastante alegres em relação a tudo mais. Admito que os cristãos da Idade Média estavam apenas em paz em relação a tudo — estavam em guerra em relação a tudo mais. Mas, se a questão gira em torno do ponto central do cosmos, então havia mais contentamento cósmico nas ruas estreitas e sangrentas de Florença do que no teatro de Atenas ou no jardim aberto de Epicuro. Giotto viveu em uma cidade mais sombria do que Eurípides, mas viveu em um universo mais alegre.

A maioria dos homens foi forçada a ser alegre em relação às pequenas coisas, mas triste em relação às grandes. No entanto (ofereço meu último dogma desafiadoramente), não é natural ao homem ser assim. O homem é mais ele mesmo, o homem é mais humano quando a alegria é a coisa fundamental nele, e o luto, superficial. A melancolia deveria ser um interlúdio inocente, um estado de espírito terno e fugaz; o louvor deveria ser a pulsação permanente da alma. O pessimismo, na melhor das hipóteses, é um meio-feriado emocional; a alegria é o labor efusivo pelo qual todas as coisas vivem. Contudo, de acordo com o aparente estado do homem visto pelo pagão ou pelo agnóstico, essa necessidade primordial da natureza humana nunca pode ser satisfeita. A alegria deveria ser expansiva; mas, para o agnóstico, deve ser contraída, deve se apegar a um canto do mundo. A tristeza deveria ser uma concentração, mas, para o agnóstico, sua desolação se espalha por uma eternidade inimaginável. Isso é o que chamo de nascer de cabeça para baixo. Pode-se dizer verdadeiramente que o cético está de pernas para o ar, pois seus pés estão dançando para o alto em êxtases ociosos enquanto seu cérebro está no abismo. Para o homem moderno, os céus estão realmente abaixo da terra. A explicação é simples: ele está de cabeça para baixo, o que é um pedestal muito fraco para se sustentar. Mas, quando ele se sustenta sobre os próprios pés novamente, sabe disso. O cristianismo satisfaz de forma repentina e perfeita o instinto ancestral do homem de estar na posição correta; satisfaz isso de maneira suprema ao fazer com que, por seu credo, a alegria seja algo gigantesco, e a tristeza, algo especial e pequeno. A abóbada acima de nós não é surda porque o universo é um idiota; o silêncio não é o silêncio impiedoso de um mundo sem fim e sem propósito. Em vez disso, o silêncio ao nosso redor é uma pequena e comovente quietude, como a quietude alerta em um quarto de doente. Talvez nos seja permitido o drama como uma espécie de comédia misericordiosa: porque a energia frenética das coisas divinas nos derrubaria como uma farsa embriagada. Podemos levar nossas lágrimas mais levianamente do que poderíamos suportar as tremendas leviandades dos anjos. Assim, talvez nos sentemos em uma câmara estrelada de silêncio, enquanto o riso dos céus é alto demais para que possamos ouvir.

 A alegria, que era a pequena publicidade do pagão, é o gigantesco segredo do cristão. E, ao fechar este volume caótico, abro novamente o estranho pequeno livro de onde veio todo o cristianismo, e novamente sou assombrado por uma espécie de confirmação. A tremenda figura que preenche os Evangelhos se eleva nesse aspecto, como em todos os outros, acima de todos os pensadores que algum dia se imaginaram grandiosos. Seu *pathos* era natural, quase casual. Os estoicos, antigos e modernos, se orgulhavam de esconder as próprias lágrimas. Ele nunca escondeu Suas lágrimas, mostrou-as claramente em Seu rosto aberto a qualquer vista cotidiana, como a visão distante de Sua cidade natal. No entanto, Ele escondia algo. Super-Homens solenes e diplomatas imperiais se orgulham de reprimir a própria ira. Ele nunca reprimiu Sua ira. Ele jogou a mobília escada abaixo na entrada do Templo e perguntou aos homens como esperavam escapar da condenação do Inferno. E, no entanto, Ele reprimia algo. Digo isso com reverência; havia naquela personalidade avassaladora um traço que deve ser chamado de timidez. Havia algo que Ele escondia de todos os homens quando subia uma montanha para orar. Havia algo que Ele cobria constantemente com silêncio abrupto ou isolamento impetuoso. Havia uma coisa que era grande demais para Deus nos mostrar quando Ele andou sobre a nossa terra; e por vezes fantasiei que fosse Sua alegria.

Impressão e Acabamento:
LIS GRÁFICA E EDITORA LTDA.